Evelyn Holst, York Pijahn

Oh Boy, oh Girl

Eine Gebrauchsanleitung
für Männer und Frauen

GOLDMANN

 Dieses Buch ist auch als E-Book erhältlich.

MIX
Papier aus verantwor-
tungsvollen Quellen
FSC® C083411
FSC
www.fsc.org

Verlagsgruppe Random House FSC® N001967

1. Auflage
Originalausgabe August 2016
Wilhelm Goldmann Verlag, München,
in der Verlagsgruppe Random House GmbH
Copyright © 2016 der Originalausgabe
Wilhelm Goldmann Verlag, München,
in der Verlagsgruppe Random House GmbH,
Neumarkter Str. 28, 81673 München
Umschlag: Uno Werbeagentur, München
Umschlagmotiv: Getty Images/Archive Holdings Inc.
Redaktion: Birthe Katt
Satz: Uhl + Massopust, Aalen
Druck und Bindung: CPI books GmbH, Leck
KW · Herstellung: cb
Printed in Germany
ISBN 978-3-442-17584-0
www.goldmann-verlag.de

Besuchen Sie den Goldmann Verlag im Netz

Inhalt

Prolog

Männer und Frauen krabbeln nebeneinander durch die Sandkiste. Sie durchtorkeln Seite an Seite die Pubertät. Sie stehen irgendwann in einer gemeinsamen Wohnung, gucken Kopf an Kopf auf einen Schwangerschaftstest und sitzen dann vielleicht zusammen in einem Kreißsaal. Und dabei sind sie doch vor allem eines: unfassbar unterschiedlich. Sie küssen, essen, leben – anders. Sie fahren anders Auto und kaufen anders ein. Sie werden anders krank, trennen sich anders, werden anders alt. Sie wollen zueinander und bekommen es trotzdem oft überhaupt nicht hin. Woran das liegt? Darauf gibt es eine Menge Antworten. Und diese finden Sie auf den folgenden Seiten. Aufgeschrieben von einer Frau und einem Mann, die sich für die Länge eines Buches tief in die Karten schauen lassen. Begleitet von einem Dutzend gewiefter Experten – Restaurantbesitzern, Hirnforschern, Altenheimleitern, Fahrlehrern, die sich mit Frauen und Männern auskennen, ihren Schwächen, Blöd- und Großartigkeiten. Als der amerikanische Filmproduzent Billy Wilder Mitte des 20. Jahrhunderts auf der Suche nach einer universalen Geschichte war, deren Drama jeder Mensch tief im Inneren nachvollziehen kann, soll er drei Worte auf einen Zettel geschrieben haben. *Boy meets girl*. Vorhang auf.

1

Schaufel, Eimer, Aufwärtshaken – Geschlechterfragen in der Sandkiste

Er sagt: Unser Sohn geht in einen klassischen Psychopathen-Kindergarten in Kreuzberg. Er ist umgeben von kloppenden und vollkommen aus der Spur gesprungenen dreijährigen Jungs. Und extrem lieben, friedfertigen dreijährigen Mädchen. Hier eine kurze Liste der gefährlichsten Kita-Jungs, mit denen er sich täglich herumschlägt. Ich warne vor: Mario, Anton und Sebastian. Die drei sind keine Kinder; es sind Ver-

Auch ein kleines Alien ist ein gefährliches Alien.

brecher in Kinderkörpern. Dass sie drei Jahre alt sind, ändert nichts, auch ein kleines Alien ist ein gefährliches Alien, jeder Science-Fiction-Fan weiß das. Nur nicht die weichgespülten, Apfelscheiben fütternden Kindergartenmütter in Kreuzberg. Mit denen ich mich jeden Tag herumschlage.

Ich werde bestimmt verklagt, wenn ich Marios, Antons und Sebastians Nachnamen nenne. Daher beschreibe ich die drei einfach kurz, damit Sie in Deckung gehen können, falls Sie sie einmal treffen sollten. Also, Mario: verhärmtes Harry-Potter-

Brillengesicht, käsig, mopsig, vermutlich von Mama in der Badewanne geschnittene rotblonde Gebüschfrisur, mürrisch wie ein gegen seinen Willen ins Pflegeheim gesteckter Rentner. Anton: kaum Haare, hyperaktiv, Knetgummigesichtszüge, man stellt ihn sich jetzt schon als Erwachsenen vor: der späte, labbrige Manfred Krug mit Dauerkater und Latzhose. Und Sebastian: aggressive Heulsusenaura, der klassische »Mit-Spielzeug-Schmeißer« ohne Frustrationstoleranz, dafür mit Manufactum-Ringelpulli. Er wird später beim von den Akademikereltern erzwungenen Cellounterricht ins Aquarium des Musiklehrers pinkeln – bevor er irgendwas Teures anzündet und auf dem Nachhauseweg einen Ameisenhaufen sprengt.

Ich klinge genervt? Ich bin es. Wenn wir in einer gerechten Welt leben würden, gäbe es von Mario, Anton und Sebastian Plakate im RAF-Fahndungsposter-Look. Ich habe das gegenüber meiner Freundin erwähnt, die an den meisten Tagen leider die ausgeleierte Kreuzberger-Scheißegal-Toleranz gegenüber allem und jedem hat und marodierende dreijährige Jungs mit dem Satz kommentiert: »Das ist nur 'ne Phase.« Nur eine Phase, spüren Sie auch die geistige Faulheit, die aus diesem Satz herausdampft? Die Wahrheit ist: Unser Sohn lebt unter Kloppern. Und es sind alles Jungs. Es gibt auch ein paar Mädchen in der Kita, die aber ausnahmslos lieb sind – die zwar auch um Spielzeug rangeln, aber nicht so etwas wie den klassischen »Mario haut dir jetzt mal richtig eins aufs Gesicht«-Schlag draufhaben. Andere Kinder vermöbeln? Sie tun es einfach nicht. Liegt das in den Genen?

Sind Jungs und Mädchen bereits im Sandkastenalter unterschiedlich? Drei Worte: Sie sind es. Ist das genetisch bedingt? Ja. Punkt. Der Hirnforscher Gerhard Roth von der Universität Bremen sagt, dass Forschungsergebnissen zufolge bestimmte Teile des Kleine-Jungs-Gehirns die Lust an Gewalt steigern. Auch die Erziehung spielt natürlich eine wichtige Rolle. Und wie sieht diese Erziehung aus? Ich lasse Sie jetzt einmal eintreten in den Kopf des klassischen Kreuzberger Großstadt-Familienvaters, in meinen Kopf also. Die Aufgabentrennung von Mann und Frau ist in Familien wie meiner: verschwunden. Alle machen und können alles. Es ist gerecht, sagt meine Freundin. »Es ist Kraut und Rüben«, sagt meine in Bielefeld lebende Mutter, deren Weltbild allerdings seit der Ära Adenauer keiner echten Renovierung unterzogen wurde. Füttern, arbeiten, putzen, einkaufen, den Ton angeben, zu Hause bleiben, wenn das Kind krank ist – bei uns zu Hause, bei unseren Nachbarn und Freunden machen alle alles. Ist das

Sind Jungs und Mädchen bereits im Sandkastenalter unterschiedlich? Drei Worte: Sie sind es.

toll? »Ja!«, rufen alle Frauen in meinem Umfeld. »Ja«, sagen wir Männer schon so ein bisschen weniger laut. Und ganz leise denken wir: »Och.«

Als Mann ist man, das wird keiner zugeben und trotzdem stimmt es, letztlich in die Falle seiner eigenen Großmäuligkeit getappt. Hat behauptet, dass man für die totale Gleichberechtigung ist. Man ist ja auch für das Ende von Rassismus, Umweltverschmutzung, Korruption und Ölwechseln im Natur-schutzgebiet, gegen alles also, was eindeutig falsch und übel ist und bei dem Delfine ins Treibnetz geraten könnten. Doch beim Thema Gleichberechtigung hat man sich jetzt mal so richtig verzockt. Denn das leicht dahingesagte Bekenntnis zur Gleichberechtigung bedeutet im Alltag der Familie: fifty-fifty. Kein faulbeuteliges Zurückziehen mehr auf Arbeit und abends noch 'ne Dreiviertelstunde Lego mit dem Kind. Ich komme dafür in die Hölle, ich weiß es, aber von dem Fifty-fifty-Deal sind die meisten Männer vollkommen überfordert und letzt-lich genervt. Denn dieser Deal macht alles kaputt, was man für einen Teil seiner Männeridentität gehalten hat: irgendwie mehr Geld verdienen als die Frau, den Kombi fahren dürfen, das Recht auf mehr Freizeit, da man ja den härteren Job hat und eben nicht die Mutter ist. Sondern nur der Vater. Nur. Der. Vater. Der Fifty-fifty-Mann ist also letztlich latent pam-pig – traut sich das aber nicht zu sagen. Man will kein Tali-ban sein unter all den Bionade trinkenden *Nido*-Abonnen-ten, die hoffen, irgendwann mal selbst aufs *Nido*-Cover zu kommen mit ihrer iPhone-Hippie-Brut, der man die Work-Life-Balance nach diesem spek-ta-ku-lären und auf Facebook dokumentierten Surf-und-Yoga-Urlaub so unheimlich an-sieht.

Doch… da gibt es ein Schlupfloch, ein Ventil für den unter-drückten Wunsch nach kerniger Klischeemännlichkeit: die Erziehung der Söhne. Denn in ihren Söhnen sehen Fifty-fifty-Väter die Chance für ihr ganz großes Comeback, für das Aus-toben der Geschlechterrolle, die sie selbst halbfreiwillig abgelegt haben. Und so beginnt das Erziehungsprojekt mit dem Namen »Wir machen aus unserem Sohn mal einen richtigen Jungen, einen Kerl, einen blutgrätschenden Kämpfer«. Vorhang auf.

Ich zitiere hier im Wortlaut drei Kita-Väter aus Hamburg und Berlin, meine besten Freunde. Felix, 42, Vater von Emil, 5: »Bevor ich einem Kind erlaube, Emil eine zu hauen, bring ich

Da gibt es ein Schlupfloch, ein Ventil für den unterdrückten Wunsch nach kerniger Klischeemännlichkeit: die Erziehung der Söhne.

ihm lieber bei, als Erster zuzuschlagen. Der ist so ein Lamm, den muss man eher ein bisschen scharfmachen, oder?« Stulli, 45, Vater von Milo, 6: »Das wäre meine ganz private Horrorvorstellung, dass irgend so ein anderes Kind mit Milo den Kita-Boden wischt, da finde ich es besser, wenn er eher so ein bisschen proaktiv ist.« Fußnote: Milo ist so etwas wie der weiße Mike Tyson von Hamburg-Eimsbüttel und so unter Kontrolle wie eine Abrissbirne, die von einem besoffenen Baggerfahrer durch die Gegend geschwenkt wird. Stefan, 32, Vater von Friedrich, 3: »Wir haben uns früher als Jungs doch auch gekloppt, ich weiß ehrlich gesagt nicht, warum er das nicht auch machen soll?«

All das denken und tun wir Fifty-fifty-Männer ohne das Wissen unserer Frauen. Weil wir ahnen, dass es eigentlich nicht ganz koscher ist. Und trotzdem genießen wir es jede Sekunde. Und unser Sohn? Hat zum letzten Geburtstag, seinem dritten, ein Wikingerschwert bekommen, einen Wikingerschild, einen Helm, ein Indianergummimesser, einen Speer, er hat bereits zwei Pfeil-und-Bogen-Sets und drei Wasserpistolen, die mehr Pumpgun als Wasserpistolen sind. Und eine Armbrust mit Gummipfeilen, in die man – das hat er nach ungefähr 30 Minuten gecheckt – auch Dartpfeile stecken kann. Und unser Sohn wünscht sich zusätzlich (die Saat geht auf): »Eine Keule, ich hab gar keine Keule!« Er hat genug Waffen gehortet, um gleich mehrere englische Küstenorte von seinem Kinderdrachenboot aus hopszunehmen. In der Ära Bush junior wäre unsere Wohnung vermutlich als Schurkenstaat durchgegangen, so viele Waffen haben wir. Die meisten hat er von mir und seinen Patenonkels geschenkt bekommen, was an der Oberfläche als kleines Retrospäßchen etikettiert worden ist (alle lieben übrigens die Dartpfeil-Tauglichkeit der Armbrust), in Wahrheit aber nur einer Absicht folgt: Der Junge soll bloß keine Memme werden und ruhig mal zuhauen. (Wo wir es schon selbst nie tun können, weil wir ja dauernd Smoothies für die Familie machen oder Schriftführer beim Elternabend in der Kita sind). Meine Freundin, Tochter einer 68er-Schwiegermutter, findet all das tendenziell nicht so gut und ist sich, weil unser Supersohn unser erstes Kind ist, aber

**Unser Sohn wünscht sich (die Saat geht auf):
»Eine Keule, ich hab gar keine Keule!«**

auch nicht vollkommen sicher, ob man einen kleinen Jungen vielleicht einfach ein bisschen kämpfen und kloppen lassen soll. Auf ihre Frage, ob das vielleicht auch irgendwann wieder aufhört, dass Lukas und seine neuen Freunde Mario, Anton und Sebastian marodierend durch die Sandkiste ziehen, habe ich kurz und scheinheilig gelächelt: »Ganz bestimmt geht das vorbei.« Kunstpause. »Das ist doch nur eine Phase.«

Das Experten-Interview: Peng! Peng!

Sind Jungen tatsächlich gewalttätiger als Mädchen? Und ist das Spiel mit Pistolen Teil eines genetischen Programms? Kein Witz – die Antwort ist ja, sagt der Hirnforscher Gerhard Roth, Professor für Verhaltensphysiologie an der Universität Bremen.

Was sind die deutlichsten angeborenen Unterschiede zwischen Jungen und Mädchen?
Die klarsten Verhaltensunterschiede zwischen Jungen und Mädchen findet man im Bereich der Beziehung zwischen Aggressivität und Sexualverhalten. Männliches Verhalten wird von bestimmten Bereichen (»Kernen«) des Hypothalamus gesteuert, die gleichzeitig das Sexual-, Dominanz- und Aggressionsverhalten steuern. Deshalb können sich bei Männern Sexualität, Dominanz und Gewalt gegenseitig verstärken. Bei Frauen werden Sexualität, Dominanz und Aggression von unterschiedlichen Teilen des Hypothalamus gesteuert, und diese Verhaltensweisen hemmen sich gegenseitig.

Jungs kloppen, Mädchen nicht, so einfach?
Schon kleine Jungen neigen zu körperlicher Dominanz und Gewalt, während Mädchen eher verbale Gewalt und Beziehungsgewalt zeigen. Auch wenn man den Jungen alles Kriegsspiel-

zeug wegnimmt, laufen sie mit Stöckchen oder ausgestrecktem Daumen und Zeigefinger herum und rufen »peng, peng«. Sie zeigen auch ganz natürlich ein größeres Interesse an körperlichem Wettbewerb und Gewaltdarstellung. Mädchen sind aber keineswegs weniger aggressiv, nur machen sie es eher auf verbale Weise oder über Beziehungsgewalt wie Mobbing oder Intrigen.

Gibt es noch andere angeborene Unterschiede?
Falls ja, sind sie schwer nachweisbar, denn Begabungen wie Raumorientierung, abstraktes Denken, Sprachgewandtheit und soziale Fähigkeiten lassen sich nur schwer Unterschieden in bestimmten Hirnregionen zuordnen. Man kann also in diesen Fällen nur schwer mit Sicherheit sagen, was angeboren und was anerzogen ist.

Wie viel des Verhaltens eines Dreijährigen wird durch die Gene gesteuert? Zum Beispiel Intelligenz, unser Sohn ist auffallend klug und…
…Intelligenz weist mit rund 50 Prozent den höchsten angeborenen Anteil auf, 30 Prozent werden Umwelteinflüssen einschließlich der Erziehung zugeschrieben, der Rest ist nicht genau aufklärbar. Bei den meisten anderen Merkmalen der Psyche und der Persönlichkeit ist das Verhältnis umgekehrt. Bedeutet: Erfahrungen und Erziehung in früher Kindheit und abgeschwächt in späterer Kindheit und Jugend spielen dort eine größere Rolle als angeborene Merkmale. Aber auch hier ist eine klare Trennung der beiden Faktoren schwierig.

In meinem Umfeld ist die frühe Förderung der Kinder der neue Fetisch. Welche Faktoren sind für den Lernerfolg von Kindern denn entscheidend?

Der bedeutsamste Faktor für Intelligenz und Lernerfolg ist eine normale, das heißt mehr oder weniger sichere Bindungserfahrung sowie ein geistig und emotional anregendes, tolerantes und konfliktarmes Elternhaus. Es ist wichtig, dass Kinder in den ersten drei Jahren Förderung, aber keine Belastungen, etwa durch überehrgeizige Eltern, erfahren. Ein bildungsnahes Elternhaus und damit das Vorbild der Eltern sind der wichtigste Motivationsfaktor. Ab dem vierten Lebensjahr, wenn sich Begabungen und Talente deutlicher zeigen, kann gezielter gefördert und motiviert werden. Wichtig ist, dass Kinder die Erfahrung machen, dass nachhaltiges Lernen trotz aller Begeisterung mit Anstrengung in Form von Aufmerksamkeit, Übung, Fleiß und Wiederholung verbunden ist.

Man sagt, dass Hochbegabung im Bereich Mathe/Musik sehr ungleich zwischen Jungen und Mädchen verteilt ist. Stimmt das?

Ja, das stimmt. Im Bereich der absoluten Spitzenbegabungen in Mathematik und Musik dominieren in der Tat die Jungen über die Mädchen im Verhältnis von acht zu eins. Man kann hier nur genetische Faktoren vermuten. Es spielt aber auch das Ausmaß früher Förderung eine wichtige Rolle, die im Bereich Mathematik und Musik traditionell bei Jungen stärker ausfällt als bei Mädchen. Schließlich dürfte bei Jungen das höhere Ausmaß des Ehrgeizes und einer hohen Zielstrebigkeit hormonell über einen Cocktail von Dopamin und Testosteron eine

Rolle spielen. Viele Bundespreisträger in Mathematik berichten, dass ihnen allein schon das Gewinnen von Wettbewerben großen Spaß mache. Die genannten Unterschiede in den Spitzenbereichen nehmen aber inzwischen deutlich ab, wahrscheinlich aufgrund einer gezielten Förderung der Mädchen.

Gibt es Hochbegabungen, die bei Mädchen häufiger sind als bei Jungen?
Es wird häufig gesagt, Mädchen seien im Sprachbereich und im sozial-emotionalen Bereich »talentierter«. Bewiesen ist das nicht, und Hochbegabungen sind hier schwer zu definieren. Insgesamt ist die Gauß-Kurve der Intelligenzverteilung bei Jungen flacher und bei Mädchen steiler, was bedeutet, dass es bei den Jungen mehr absolute Spitzenbegabungen, aber auch mehr deutlich Minderbegabte gibt als bei den Mädchen. Die Gründe hierfür sind unbekannt.

In welchem Lebensalter werden Hochbegabungen erkennbar?
Es gibt typische Frühentwickler, die schon im vierten Lebensjahr hohe Begabungen, meist in Mathematik und Musik, aber auch im Sprachenlernen, aufweisen, aber auch typische Spätentwickler. Charles Darwin war ein krasser Spätentwickler – er war weder mathematisch noch musikalisch besonders begabt, aber ansonsten ein sehr scharfsinniger Denker.

Unterscheidet sich eigentlich der IQ von Jungen und Mädchen?
Bis vor wenigen Jahren galt ein IQ-Unterschied von vier bis sechs Punkten zugunsten der Jungen als »robuster« Effekt. Der

ist inzwischen geschwunden, aber niemand weiß so recht, warum. Entweder wurde früher nicht genau oder vorurteilsfrei gemessen, oder die verbesserte Frühförderung der Mädchen zeigt Wirkung.

Unser Sohn im Speziellen scheint mir auffallend klug, sensibel und auch gut aussehend zu sein.
Was ich spontan, ohne Ihren Sohn zu kennen, als Beleg dafür deuten würde, dass Eltern in ihren Kindern vor allem das sehen, was sie sehen wollen. Tut mir leid.

2

Titte, Latte, Hautprobleme – Eine Hölle namens Pubertät

Er sagt: Die Pubertät ist die Zeit im Leben eines Jungen, in der man den Busendachschaden bekommt. Alles ist plötzlich voller Superbusen. Busen. Busen, Busen, Busen. Das Wort Busen ist ein einziger Busen. Der Busendachschaden beginnt in der Pubertät und ist von da an ein permanenter Begleiter jedes Mannes. Mein Freund Christian hat während eines gemeinsamen Hollandurlaubs, bei dem wir uns am Strand über potenzielle Grabsteinsprüche für uns ausgetauscht haben,

> **Der Busendachschaden ist eine schwere Krankheit.**

mit dem Satz »Er lebte für den Busen« von allen um uns herumsitzenden Männern stillen, ironiefreien Respekt geerntet. Der Busendachschaden ist eine so schwere Krankheit, dass sie den Blick für alles andere an einem Mädchen blind macht, alle Mädchen mit Busen sind plötzlich irgendwo zwischen gar nicht so übel und richtig super. Als Azul Aygün, ein Mädchen aus meiner Grundschule, die schon zur Einschulung einen Hauch von Schnurrbart hatte, Busen bekam, konnten sich alle

Jungs in der Klasse plötzlich für ein Mädchen begeistern, das im besten Fall wie Zorro, aber eigentlich eher wie Ortwin Runde aussah. Aber eben mit unglaublichem Busen, was ihr den Spitznamen »Tittenzorro« eingebracht hat. Ich weiß nicht, ob das rüberkommt – aber aus dem Namen sprach und spricht heimliche Verehrung. In einer idealen Welt werde ich auf einem zukünftigen Klassentreffen in Bielefeld einen meiner Grundschulfreunde treffen und es wird folgenden, kurzen Dialog geben: »Und du, Stefan, ewig nicht gesehen, was machst du so?« – »Ich bin mit Tittenzorro verheiratet.« Ich werde nur ein Wort denken: Respekt.

Sie sagt: Allein schon dieses bescheuerte Wort – Busendachschaden! So was kann sich nur ein pubertierendes Kleinmännerhirn ausdenken. Unvorstellbar, dass wir, auch wenn uns gerade die erste Hormonwelle erfasst, euch Jungs zwischen die Beine starren und heimlich Maß nehmen.

Diese ganze Busenfixierung von euch ist für uns der totale Albtraum, weil wir busenmäßig immer danebenliegen. Zu früh, zu viel – und kein Mensch guckt uns mehr ins Gesicht, sondern klemmt den Blick nur noch 30 Zentimeter tiefer. Zu spät, zu wenig – wir sind jetzt schon unsichtbar und bleiben es auch. Was Mädchen in der Pubertät aber glücklich macht,

> Diese ganze Busenfixierung von euch
> ist für uns der totale Albtraum.

sind Pubertätspickel. Nicht ihre eigenen natürlich, sondern die an Jungs. Am liebsten am Rücken, da ist die Haut etwas dicker als im Gesicht, und sie kreischen nicht gleich »Aua«, wenn ein Mädchen mal etwas fester zudrückt. Der Weg zum Herzen eines Mädchens in der Pubertät führt über die männliche Talgdrüse. Später sind es dann andere Drüsen, und zwar die geschlechtlichen, die Mädchen spannend finden.

Er sagt: Ich glaube, es gibt einfach keine politisch korrekte Formulierung, um über die Busenfixierung von Jungs zu schreiben. Ich mag aber deinen angepissten Nörgelton, da hört man förmlich, was für Narben die Pubertät bei dir hinterlassen hat. Wow, und wir sind erst im zweiten Kapitel, ich glaube, wir werden hier noch eine Menge erfahren. Und das mit den Pickeln … Ich muss mich wirklich sehr konzentrieren, um bei dem Gedanken eine Herpesattacke hinunterzukämpfen. Warum machen Frauen das? Ich vermute, das ist so ein Rest von Fellpflegetrieb und dem Wunsch, gute Stimmung im Rudel herzustellen. Für Jungs ist die Pubertät übrigens besonders schlimm, weil alle Mädchen, mit denen man früher gespielt hat, auf einmal nur noch ältere Jungs gut finden. Das absolut schönste Mädchen an unserer Grundschule, Daniela Schüker, war mit einem Jungen zusammen, der drei Jahre älter war als sie. Carsten Oberschelp, der Arsch. Ich habe bei Facebook übrigens gesehen, dass die beiden geheiratet haben.

Sie sagt: So ist das Leben, in der Pubertät finden wir ältere Jungs gut, nach den Wechseljahren eher die jüngeren. Ist bei euch ja ähnlich.

Ein paar Fakten zur Pubertät gefällig? Von zwölf bis 20 ist unser Gehirn eine Großbaustelle, unabhängig von dem Hormonstau, der uns wuschig, picklig und für Eltern unausstehlich macht. Unsere Großhirnrinde, die für den Verstand zuständig ist, erlebt einen Wachstumsschub, Nervenzellen entstehen und verzweigen sich, die Wege, auf denen unser Gehirn Infos und Emotionen transportiert, werden neu geordnet. Dieser Umbau dauert übrigens in den Feldern, die für Sprache (»Was geht, Digger?«) und räumliche Orientierung zuständig sind, am längsten. Die letzten Umbauarbeiten finden im Präfrontalhirn statt, dem Teil des Stirnlappens, der für Gefühle und Entscheidungen zuständig ist. Der Pubertierende, ganz besonders der männliche, reagiert also nur aus dem Bauch heraus. Fährt deshalb ohne Führerschein, säuft sich mit 15 in die Ausnüchterungszelle der Polizei, kloppt sich ständig und baggert Mädchen so weit außerhalb seiner Liga an, dass es einem fast leidtäte, wenn es nicht so peinlich wäre.

Der Pubertierende, ganz besonders
der männliche, reagiert nur
aus dem Bauch heraus.

Oder er ballert sich vor seinem Computer ins Halbkoma, während sein Stirnlappen langsam vor sich hin wächst. »Neurobiologisch gesehen, ähneln Heranwachsende einem vollbesetzten Düsenjet, der mit vibrierenden Triebwerken über die Startbahn jagt, während oben im Cockpit noch hektisch an Kontrollinstrumenten und Navigationssystemen geschraubt wird«, so brachte es der Journalist Harald Willenbrock vor einiger Zeit in einem *GEO-Wissen*-Artikel auf den Punkt.

Er sagt: Wie schlimm war denn deine Pubertät?

Sie sagt: Sie war pickel- und busenlos. Mit 14 Jahren schenkte mir Bärbel, die Schönste aus unserer Nachbarschaft, ihren alten BH. Er war weiß mit rosa Röschen. Seine »Schalen« waren so groß wie zwei Eierbecher. Trotzdem musste ich ihn ausstopfen. Mit Toilettenpapier. Ich trug ihn immer noch, als ich zwei Jahre später zum ersten Mal mit einem Jungen knutschte. Ich war so in Panik, dass mein gefakter Busen verrutschte, dass ich fast Schnappatmung bekam. Hattest du auch ein optisches Pubertätstrauma?

Er sagt: Mein Gesicht bestand vor allem aus Nase. Meine beiden großen Brüder haben mir das damals so erklärt: Wenn die Menschen entstehen, sind sie erst mal nur ein Torso, und der liebe Gott verteilt dann im Himmel aus einem großen Korb die weiteren Körperteile. Als die Nasen verteilt wurden, stand ich also mit den anderen halbfertigen Körpern im Himmel, und als der liebe Gott fragte, wer denn eine Nase haben wolle, hätte ich so oft und laut »Ich, ich, ich!« geschrien, dass Gott, der an dem Tag anscheinend alttestamentarisch gestimmt war oder einfach für Ruhe im Klassenzimmer sorgen wollte, mir das gab, was ich seitdem im Gesicht habe. Ich habe die Geschichte von Gott und dem Nasenkorb tatsächlich geglaubt. Wenn ich mein Leben irgendwann mal in einem Anfall von Eitelkeit verfilmen lasse, wird es eine Szene geben, in der ich in Bielefeld-Senne in die Christuskirche stürme und durchs Kirchenschiff rufe: »Der Nasenkorb ist eine Lüge!« Und es gibt natürlich das Pimmelproblem.

Sie sagt: Jetzt kommt die große Pimmelbeichte, oder was?

Er sagt: Bei uns in der Siedlung lebten viele türkische Familien, und einer meiner damaligen Freunde, Muhit Akbulut, wurde während der Grundschule beschnitten, was er mir in allen Details erklärt und unter Vergleichen aus der Welt der Wurstindustrie beschrieb, während wir am Bahnübergang vorbeifahrende Züge mit Steinen beschmissen. Muhit, der als eine Art Beschneidungsbelohnung an dem Tag eine Pappkrone tragen durfte, hat seine Beschneidung nicht nur beschrieben, sondern versichert, dass ich auch bald dran sei. Ich habe dann, kein Witz, Jahre mit der Angst gelebt, dass meine Eltern meine Beschneidung vergessen hätten, es ihnen aber jeden Augenblick wieder einfallen würde.

Sie sagt: Ich frage mich, warum du die Größe deiner Nase immer so betonst. Weil du dich vielleicht an den Uraltspruch »Wie die Nase des Mannes, so sein Johannes« erinnerst?

Bloß nicht dazugehören zu diesen peinlichen Menschen, die einen in die Welt gesetzt haben.

Meine Nase ist auch ziemlich lang, Familienerbe, aber ihre Länge mit meiner Johanna in Verbindung zu bringen, fiele mir nicht ein. Woran ich mich aber noch sehr gut erinnere – dieses Gefühl des totalen Außen-vor-Seins. Die Distanz, die man zwischen sich und seiner Familie aufbaut. Bloß nicht dazugehören zu diesen peinlichen Menschen, die einen in die Welt gesetzt haben. Vermutlich ist man sowieso adoptiert. Bei nicht zu vermeidenden gemeinsamen Auftritten in der Öffentlichkeit hält man sicheren Abstand, die Miene ist finster, die Augen auf den Boden gerichtet.

Mein Sohn, eigentlich ein Kuscheltier, ist bis zu seinem zwölften Lebensjahr mit mir Hand in Hand spazieren gegangen, bis sich das über Nacht, ohne Vorwarnung, schlagartig änderte: Wir sind wieder unterwegs, er sagt panisch: »Dahinten sind meine Freunde«, und lässt meine Hand fallen wie eine heiße Kartoffel. Ich hab sie gar nicht erkannt, so weit weg waren sie. Ich muss als Pubertierende ein richtiges Monster gewesen sein, auf jeden Fall hat meine Mutter immer gesagt: »Ich habe nur einen Wunsch – dass du mal eine Tochter kriegst, die genauso ist wie du.« Ihr Wunsch ging in Erfüllung. Und ich wünsche meiner Tochter jetzt genau dasselbe.

Das Experten-Interview:
Alles Kopfsache

Für Ralph Dawirs sind Pubertierende Helden. Sie waren die Anführer einer Bande von Hallodris, die vor 200 000 Jahren durch die Savanne marodierten – der ersten Menschen. Wenn es nach dem Professor für Neurobiologie ginge, müsste man Pubertierende heute viel mehr bestimmen lassen. Denn ihr Gehirn ist für eine kurze Zeit: genial.

*Die Pubertät ist die Zeit, in der Eltern beginnen, die eigenen
Kinder zu hassen. Sie hingegen nennen »Pubertisten« Helden.
Warum?*

Weil der Pubertist über Tausende von Generationen der Motor
der Menschheitsentwicklung war – und es wieder sein könnte,
wenn man ihn nur ließe.

Das müssen Sie erklären.

Stellen Sie sich die frühen Menschen vor rund 200 000 Jahren
vor. Eine kleine Gruppe, 40 bis 50, unterwegs in der Savanne
Afrikas, ein Haufen Schwächlinge, den wilden Tieren unter-
legen, das Leben hochriskant. Es gab extrem kurze Generationen, der Einzelne war mit spätestens 30 verschlissen, kaputte
Knie, zahnlos, die Alten wurden mitgeschleppt. Der Pubertist
war in dieser Gruppe derjenige, der den Ton angab, die Alten
herausforderte und ablöste. Er brauchte dazu eine hohe Risiko-
bereitschaft und Draufgängertum. Absicherungsmentalität war
in so einer Welt nicht gefragt. Man wirft Jungen und Mädchen, die in der heutigen Welt in der Pubertät sind, vor, dass
sie extrem leicht zu begeistern sind. Genau das waren aber
die Tugenden, die für Tausende Generationen gefragt waren.
Eine wilde Bande von sehr mutigen, sich sicher auch manchmal überschätzenden Menschen.

*Jugendliche kommen ungefähr mit zwölf in die Pubertät,
haben also eine unglaublich lange Kindheit, kein anderes
Lebewesen kann da mithalten. Warum ist das so?*

In der Evolution hat sich gezeigt, dass eine lange Kindheit für
die Menschen ein Wettbewerbsvorteil ist. Denn in der langen

Kindheit können all die Kulturfähigkeiten gelernt werden, die es der Gruppe möglich machten zu überleben: jagen, Feuer machen, Sozialkompetenz. Erst wenn das Kind all das erlernt hat, beginnt die Pubertät und mit ihr der Wechsel der Generationen – zumindest, wenn man über die frühen Menschen spricht. Unsere Gehirne funktionieren immer noch exakt so wie zu dieser Zeit. Es gibt eine nachweisbare Bremse im Gehirn, die mit ungefähr sechs oder sieben Jahren das Einsetzen der Pubertät verhindert und so das lange Lernen ermöglicht. Mit sechs oder sieben haben Kinder die höchste Konzentration an Testosteron oder Östrogen im Blut, die Pubertät könnte beginnen, aber wie gesagt: Das Gehirn bremst sie dann für ein paar Jahre aus und hält sie in der Kindheit.

Was passiert im Gehirn, wenn die Pubertät beginnt?
Also erst mal verringert sich mit sechs oder sieben plötzlich die Zahl der Synapsen im Stirnhirn, wie das Herausmeißeln einer Plastik aus einem Steinblock, es entsteht eine Persönlichkeit, wir bekommen unser Langzeitgedächtnis, unseren Charakter. Wenn das Kind dann in die Pubertät kommt, wird das Gehirn noch mal in eine Großbaustelle verwandelt, es kommt zu vielen neuen Verbindungen. Die in der Kindheit geschaffenen Strukturen werden zugekleistert, das wird als große emotionale Verunsicherung erlebt, die Sicherheit der eigenen Wahrnehmung geht verloren. Das Gehirn schmeißt uns aus der Kindheit. Es gibt dabei nur ein Riesenproblem.

Und zwar welches?

Die Eltern sind noch da. In unserer Gesellschaft lassen sich die Eltern nicht vertreiben oder ablösen, die Alten bleiben da, vielleicht hängt sogar die Vorgängergeneration noch irgendwo im Hintergrund herum. Die Zeiten haben sich geändert – aber unser Gehirn hat das noch nicht mitgekriegt. Wir sind auf den Generationenwechsel programmiert – doch der findet nicht statt.

Komasaufen und Autos zu Schrott fahren sind also eine Folge eines Programms im Pubertistengehirn.

Ja, das Gehirn des Pubertisten fühlt sich wohl im Risiko. Um den Rest der Welt vor diesem Verhalten zu schützen, gibt es unsere Jugendschutzgesetze. Sie schützen aber nicht die Jugend, sondern den Rest der Gesellschaft vor der Jugend. Dabei haben wir es beim Pubertisten mit jemandem zu tun, der gegen seinen Willen und wegen Umbauarbeiten im Gehirn aus dem System Kindheit geschleudert wird. Sie nehmen einen Fisch aus dem Wasser und legen ihn auf die Wiese.

Gibt es bei alldem große Unterschiede zwischen Jungen und Mädchen?

Dafür bekomme ich von der Genderfraktion sicher richtig einen übergebraten, aber meine Antwort ist trotzdem: nein.

Wie könnte man die Power des Pubertierenden nutzen?

Die Bereitschaft für abweichendes Verhalten ist gold- und diamantenwichtig für den Fortschritt. Dass das den Alten, wenn ich das mal so sagen darf, auf den Sack geht, ist vollkommen klar und muss ja auch so sein. Mut mit vollem Körpereinsatz, letztlich Heldentum, das sind die Eigenschaften des Pubertisten. Denken Sie an Ärzte, die neue Impfstoffe früher an sich selbst getestet haben, das waren Leute, die sich wie Pubertisten verhalten haben. Das Elend ist nur, dass der Pubertist seinen Wagemut kaum in der wirklichen Welt ausleben kann, denn er ist in einer Parallelwelt weggesperrt. In der Schule. Wenn er dann den ersten richtigen Job hat, nach dem Studium mit 25, dann sind alle seine goldenen Fähigkeiten erloschen. Weil wir uns ein System gebaut haben, das die Verhältnisse stabilisiert und Innovation ausschließt.

Das klingt nach Potenzialverschwendung.
Exakt. Mir geht es gar nicht darum, dass man mit 14 Herzchirurg sein sollte, es geht nicht um die Inhalte, sondern um die Dynamik innerhalb einer Spezies. Wir verzichten zurzeit auf die Teilhabe und die Mitsprache der Pubertisten, biologisch argumentiert ist das vollkommen bescheuert. Wir könnten das aber ändern. Es bräuchte passives und aktives Wahlrecht für Pubertisten, da sind nämlich genau so viele Deppen dabei wie bei den Alten. Ich kann Ihnen versprechen, da würden interessante Dinge passieren.

Hat Ihnen dieses Wissen bei der Erziehung Ihrer eigenen Kinder eigentlich was gebracht?
Irgendwie ja, es hat mich getröstet, aber man kommt aus der Nummer ja eh nicht raus, als Eltern, ich sage immer »als Teil des Bodenpersonals«, einen Reibungspunkt anzubieten. Wenn es für Eltern gut läuft, haben sie in der Pubertät einen Kotzbro-

cken zu Hause, wenn es mies läuft, verpasst das Kind die Ablösung und sie haben langfristig einen Menschen mit psychischen Problemen.

Wären Sie gern noch einmal in der Pubertät?
Ich erinnere mich an die Pubertät – nicht romantisch. Aber an den Zustand, den ich damals für mich entdeckt hatte: Freiheit in Verantwortung. Das ist sozusagen eines der emotionalen Pakete aus der Pubertät, die ich mir bis heute aufgehoben habe. Das braucht man ja als Künstler, Wissenschaftler, Autor, die Grundbereitschaft etwas auszuprobieren.

3

Kevin Costners Zunge –
Der perfekte Kuss

Hi York,
passt doch perfekt als Abschluss zur Pubertät, die Frage, also:
Kannst du gut küssen?
   Gruß, E.

Evelyn,
ich küsse sehr gut. Der Gedanke, nicht gut zu küssen, ist aber
auch der Schocker, oder? Ich stelle mir gerade vor, dass
meine Freundin über mich an einem Frauenabend sagt, dass

> **Wahrscheinlich glauben alle Männer von sich,
> gute Küsser zu sein, so wie vermutlich alle
> glauben, dass sie gut Auto fahren.**

ich gut darin bin, Bolognese zu kochen, ganz okay tanze, echt
toll mit Tieren bin und lustige Sachen aus Fimo kneten kann,
aber ein scheißmieser Küsser bin und sie beim Knutschen
immer hofft, dass es bald vorbei ist. Ich hoffe, dass sie mir
das sagen würde, wenn es so wäre. Je länger ich drüber nach-
denke, desto mehr scheint mir das Thema ein Minenfeld zu

sein. Würde man dem anderen nach fünf Jahren Beziehung sagen: »Baby, du bist der Beste, aber du küsst wie ein besoffener Hausmeister«? Wahrscheinlich glauben alle Männer von sich, gute Küsser zu sein, so wie vermutlich alle glauben, dass sie gut Auto fahren. Ich küsse tatsächlich sehr gut, ich sag's lieber noch mal.

Ahoi, York

Tach York,
ich habe verstanden. Gibt es auch etwas, dass du nicht SEHR gut kannst?
Fragt E.

Evelyn,
ich fahre so schlecht Auto, dass ich immer nur hoffe, niemals jemandem auf der Straße zu begegnen, der genauso kreativ mit den Verkehrsregeln umgeht und sich so gemeingefährlich verhält, wie ich es tue. Obwohl, was heißt schlecht? Ich fahre ja nicht schlecht, ich fahre sportlich. Aber noch mal zum Thema Küssen: Ich kann dir sagen, worauf es meiner Ansicht nach dabei ankommt (auch wenn das der Kuss-Experte am Ende dieses Kapitels anders sieht) und was für mich schlechtes Küssen bedeutet. Ich habe bis dato zweimal Frauen geküsst, die echt mies waren im Küssen: einmal ein Mädchen, aus der achten, als ich noch in der siebten war, die hatte so einen schnappenden Schildkrötenmund, der so was Ledriges hatte. Und einmal hatte ich eine Affäre, die hatte, glaube ich, zu viele Pornos gesehen und dachte, Küssen müsse nicht nur laut sein, sondern am besten richtig Krach

machen. Wenn man die geküsst hat, klang es wie jemand, der ein großes, rohes Stück Fleisch kaut. Küsst du gut?

Gruß, York

Hi York,

ich habe keine Ahnung. Kann man sein eigenes Küssen beurteilen? Fragt man den, den man gerade geküsst hat: »Hej, war ich gut oder war ich gut?« Man küsst und geht dann zur Tages- oder Nachtordnung über. Beim Autofahren, beim Kochen, beim Fimo-Kneten kann man sich vergleichen, beim Küssen nicht. Man küsst, wie man Kinder erzieht, ohne viel Ahnung, ohne dass es einem jemand beigebracht hat. Mein erster Kuss mit 14 war eine Katastrophe, die ich leider nie vergessen habe. Ein Nachbarjunge hatte mir erzählt, dass ich mir vorstellen solle, eine Schlange mit einer ganz langen Zunge zu sein, die ich beim Küssen in den Mund des Jungen schnellen lassen sollte. Das tat ich auf meiner ersten Schulparty. Um mehr Schwung zu haben, versuchte ich, während der Mund eines 16-Jährigen auf meinem 14-jährigen Mund lag, meine Zunge aufzurollen und sie dann blitzschnell in seinem Mund wieder abzurollen. Und so wurde mein erster Kuss ein sehr peinliches Gemansche aus Zungen und Spucke und seinem lauten: »Scheiße, was war das denn?« Frag doch mal deine Freundin, ob sie deine Kusstechnik genauso positiv beurteilt wie du. Männer neigen ja gelegentlich zur sanften Selbstüberschätzung.

Deine E.

Liebe Evelyn,

ich traue mich nicht, meine Freundin zu fragen. Stell dir vor, sie sagt, ich küsse schlecht. Ich hätte dann gleich so ein Eifersuchtsding mit ihren Exfreunden, die bestimmt bessere Küsser waren. Ich habe übrigens vor ziemlich genau fünf Jahren das Mädchen wiedergetroffen, das ich als allererstes geküsst habe: auf einer Ausstellung in Bielefeld. Sie heißt Wiebke oder Frauke.

Ich kann mich leider nicht mehr genau erinnern, weil WiebkeFrauke Zwillinge sind und ich eine von den beiden geküsst habe als erstes Mädchen meiner Kussbiografie – da war ich vielleicht fünf oder sechs. WiebkeFrauke und ich waren in der gleichen Kindergartengruppe. WiebkeFrauke hatte damals ein abgeklebtes Auge, und ich hatte bereits mit fünf das Gefühl, es mit tendenziell beschädigter Ware zu tun zu haben. Bereits im Kindergarten gab es bei uns eine Art Hitliste der coolsten Mädchen (on top: Daniela Tender, toller Pferdepullover, Christine Hartke, Blockflöte und Playmobilpiratenschiff). WiebkeFrauke waren auf jeden Fall nicht auf der Liste. Das Küssen selber war okay. Wir haben uns hinter der Kirche geküsst, es war WiebkeFraukes Idee, und ich meine, WiebkeFrauke hat nach Kaba geschmeckt, aber das ist vielleicht eher so eine nachkolorierte Generation-Golf-Erinnerung. WiebkeFrauke sieht jetzt übrigens aus wie ein französisches Model, auf so eine verwegene, Zigarettenohne-Filter-Art, sie ist Künstlerin oder Fotografin oder Fotografenkünstlerin. Fotografenkünstlerin WiebkeFrauke, das wäre eine tolle Visitenkarte. Wir lassen uns ja bei diesem Mailwechsel in die Karten gucken, Evelyn, daher erzähle ich es, wie es war. Ich habe WiebkeFrauke auf einer Bielefelder Kunstausstellung getroffen und konnte mich an meinen ersten Kuss erinnern, aber nicht an ihren Namen. Sie hat gesagt, wir würden uns doch aus dem Kindergarten kennen, und ich dachte tatsächlich als Erstes: Küss mich, du Kunstprojekt-Model, warum habe ich damals mit fünf nicht erkannt, wie toll du warst, ich Lurch. Ich hatte sogar das latente Gefühl, dass ich als ihr erster Küsser so eine Art Recht dazu hätte, sie

Ich konnte mich an meinen ersten Kuss erinnern, aber nicht an ihren Namen.

an dem Abend zu küssen, aber das Gefühl habe ich dann einigermaßen wieder in den Griff bekommen. »Du hattest früher eine Augenklappe«, habe ich stattdessen gesagt, was auf der Liste der schlechten ersten Sätze so weit oben ist wie: »Du erinnerst mich an meinen Bruder«.

Das Kuss-Business wurde dann durch meine erste, feste Freundin richtig auf den Kopf gestellt: Kirsten Birkeling. Die hat geküsst, als könnte sie damit Geld verdienen. Sie hat geraucht wie Sau und schmeckte immer nach Zigaretten. Außerdem ging sie mit ihrer Schwester, ich sage das mal ganz vorsichtig – gegen den Zeitgeist der 90er –, begeistert auf Udo-Jürgens-Konzerte. Ich hatte immer die Angst, dass Udo mit ihr mal was laufen gehabt hat. (Mehr zu der Dame im Kapitel »Absolute Beginner – Das erste Mal«.) Als ich mit 23 das erste Mal eine Frau küsste, die nicht rauchte, fand ich das übrigens richtig enttäuschend.

Y.

Also York,

»tendenziell beschädigte Ware«? Wegen eines abgeklebten Auges? Ihr Männer habt so ein Glück, dass Frauenherzen dehnungsfähig sind. Kugelbäuche, Glatzen, die eine eigene Postleitzahl brauchen könnten, oder dünne, graue Pferde-schwänze – alles okay, wenn der Kerl, der dazu gehört, nett und witzig ist. Und wenn er gut küssen kann.

Langsam, feucht, drei Tage lang – so hat Kevin Costner in dem Film »Bull Durham« (Dt. »Annies Männer«) seine Kusstechnik beschrieben, und Susan Sarandon hat nur

Langsam, feucht, drei Tage lang.

»Oh my« geseufzt. Vergiss das »feucht«, aber denk an das »langsam« und das »drei Tage lang«, wenn du das nächste Mal deine Freundin küsst. Oder küsst ihr nicht mehr? Schließlich kennt ihr euch ja auch schon länger, und meine Feldforschungen zum Thema Küssen haben ergeben, dass sich Paare nur in ihrer Anfangszeit küssen. Danach stellt man die wildesten Sachen an, aber Küssen hört auf. Woran das liegt? Ich glaube, dass Küssen, Schmusen, diese ganze Vorspielarie von den meisten Männern nur uns Frauen zuliebe durchgezogen wird. Damit wir Lust auf das Eigentli-che kriegen. Am liebsten würdet ihr sofort zur Sache kom-men, aber damit die Sache auch Spaß macht, muss leider, leider die Frau – SEUFZ – in Stimmung gebracht werden. Also küsst man sie halt. Aber Sex ganz ohne Küssen wäre für euch auch total okay. Wir dagegen finden oft Küssen ohne Sex okay. Nur ein bisschen knutschen und fummeln, das würde uns manchmal reichen. Ich kenne eine Masseurin, die viel in Hotels arbeitet. Sie sagt, der gestresste, überforderte Mann von heute hätte am allerliebsten eine Ganzkörpermassage mit Happy Ending. Einfach nur daliegen und die Alte machen lassen. Und weißt du was – ich kann das sogar verstehen. Also beantworte mir die Frage: Ist Küssen für dich genauso wichtig wie Sex? Bitte ehrlich.

Deine E.

Lieber Kevin-Costner-Fan,

»feucht und drei Tage lang«. (In dieser kleinen Pause stellt sich einmal mein komplettes Körperhaar vor Grauen auf.) Mein Gott, der Gedanke ist wirklich ekelhaft, aber mich wundert das überhaupt nicht, der Costner ist so ein eitler Scheißer, der behauptet natürlich, dass er drei Tage lang küsst. Ich würde mich eher mit einer Parmesankäsereibe skalpieren lassen, als Kevin Costner drei Tage lang zu küssen. Und drei Tage Susan Sarandon, ich weiß nicht, klingt auch eher mühsam, und würde das die Haftcreme ihrer Dritten nicht an den Rand der Leistungsbereitschaft bringen? Wobei ich Kevin Costner kürzlich in einem Film als alten Sack gesehen habe, da spielt er den Vater des jungen Superman, und da ist er nicht mehr ganz so unerträglich, sondern hat so einen abgewohnten Sexappeal, so was positiv Renovierungsbedürftiges.

Ist Küssen so wichtig wie Sex? Ich hoffe, ich klinge jetzt nicht wie Dieter Bohlen im Blutrausch, aber das ist echt eine Frauenfrage, Evelyn. Natürlich nicht. Wenn mir morgen Gott in Gestalt von, sagen wir, Kevin Costner, erscheinen und sagen würde: »York, du Bielefelder Blendgranate, du kannst entweder nie wieder küssen oder nie wieder Sex haben, entscheide dich, ich zähle auf meine wortgewaltige Kevin-Costner-Art bis drei!« Dann hätte ich bereits »NIE WIEDER KÜSSEN, KEVIN!« gerufen, bevor Costner »EINS« gesagt hätte. Wie ich Kevin Costner einschätze, würde er dann

Ist Küssen so wichtig wie Sex? Natürlich nicht.

sagen: »Verstehe, you little German Scheißer you, aber willst du dann vielleicht noch ein letztes Mal küssen, zum Beispiel mich? ›Der mit dem Wolf knutscht‹, Director's Cut, drei Stunden, Mund auf!« Ich glaube, ich würde ohnmächtig und Atheist werden, vermutlich in umgekehrter Reihenfolge. Ich bin übrigens tief drinnen ein verklemmter Ostwestfale (der sich auch, was die Schreibweise von »verklemmt« betrifft, etwas unsicher ist) und es fällt mir sehr schwer, über Sex zu reden, ohne darüber latent Witze zu reißen. Y.

Lieber York,
die meisten Männer sind verklemmt, was Sex angeht. Der weibliche Körper, besonders der untere Teil, ist ihnen ein Rätsel. Bei euch ist alles klar, abgegrenzt, handfest. Bei uns dagegen kann man viel falsch machen. Das wisst ihr, und es macht euch unsicher. Die Frage »Wie war ich?« hat eine Frau noch nie gestellt. Und weißt du, warum Männer so ungern in einer weiblichen Handtasche herumwühlen? Hat eine Psychologin mal herausgefunden. Weil sie sie an die weibliche Vagina erinnert. Dunkel, und man weiß nicht, was

40

man in ihren Untiefen in die Finger bekommt. Übrigens – gerade las ich in einer Befragung von 1000 Studenten an der Universität von New York über bevorzugte Kusstechniken von Mann und Frau. Die befragten Männer favorisierten »feuchte, die Zunge involvierende« Küsse, die Frauen mögen es dezenter. Ich liege also total falsch mit meiner Feldforschung. Alle mögen Küsse mit viel Spucke. Außer uns beiden.

Deine E.

Das Experten-Interview: Mund zu Mund

Keiner weiß mehr übers Küssen als William Cane. Der ehemalige Jurist und Englischlehrer hat 120 000 Menschen aus 19 Ländern befragt, wie man am besten küsst, und darüber einen Weltbestseller geschrieben. Mehr als 30 Techniken hat er selbst getestet. Wenn er nicht an seinem neuen Buch arbeitet, berät er lustlose Paare, damit sie wieder auf den Kuss-Geschmack kommen. Ein Video-Anruf bei dem 53-Jährigen in New York.

Herr Cane, wie geht der perfekte Kuss?
Verdammt. Ich kann Sie nicht sehen, ich … Mist. Hallo?

Herr Cane, können Sie mich hören?
Ja, ja, ja hören schon, aber nicht sehen. Skype, das benutze ich sonst nie, ich klebe die Kamera gerade mal, warten Sie … mit Klebeband, vielleicht hier auf meinen Computer? York?

41

Ja, ich bin hier. (Man hört etwas umfallen, die Kamera schwankt durch ein chaotisches Büro voller Bücher, Akten, Bilder an den Wänden, dann erscheint ein kleines, müdes Gesicht mit sehr dicker schwarzer Brille und gigantischen Kopfhörern.)
Super, ich habe jetzt meine Kopfhörer auf.

Ja, das sehe ich. Schöne Kopfhörer.
Nicht wahr? Also, ich kann Sie sehen, und ich kann Sie hören, dank meiner Kopfhörer. Wie war die Frage?

Wie der perfekte Kuss funktioniert.
Der perfekte Kuss stellt eine echte Verbindung her. Er ist leidenschaftlich und liebevoll. Ich habe dazu 120 000 Personen befragt, Freiwillige, die ich per Zeitungsannonce und später übers Internet gesucht habe. Auf Grund dieser Daten kann ich sagen: Halten Sie Ihre Augen geschlossen, sorgen Sie für frischen Atem, lächeln Sie. 33 Prozent aller Frauen mögen Bartstoppeln im Gesicht des Küssers, 40 Prozent mögen Bärte. Alle lieben volle Lippen, es gibt Menschen, die bürsten ihre Lippen mit der Zahnbürste, um sie besonders zu durchbluten, das scheint zu klappen. 67 Prozent aller Männer mögen Lippenstift. Das Aussehen ist eher unwichtig, wenn man küsst, man ist ja so nah dran, da ist man sowieso nur unscharf zu erkennen. Aus meiner Tätigkeit als Kuss-Berater für Paare kann ich hinzufügen: Variieren Sie Ihre Technik.

Sie stellen in Ihrem Buch 30 verschiedene Techniken vor.
Haben Sie alle ausprobiert?
Selbstverständlich.

Mit Ihrer Freundin, oder mit allen möglichen Frauen?
Mit meiner damaligen Partnerin. Ich habe beim Erproben eines Ohrenkusses, bei dem ich etwas an ihrem Ohr geknabbert habe, allerdings zu stark zugebissen, sie hat geblutet und wollte mich daraufhin verklagen. Sie schien eindeutige finanzielle Absichten zu haben.

Ernsthaft?
Ernsthaft. Ich hatte allerdings auch eine Kusstechnik aus der Südsee an ihr ausprobiert, während der man dem Partner die Augenlider anknabbert: den Trobriand Island Kiss.

Ernsthaft?
Ernsthaft. Die Beziehung hielt aber aus vielen anderen Gründen nicht. Jetzt bin ich seit zehn Jahren verheiratet. Auf den Trobriand-Inseln gelten Menschen ohne Wimpern übrigens als schön, weil es zeigt, dass sie begehrt sind. Man reißt sich allerdings auch als Teil des Küssens Kopfhaare aus.

Was für Kusstechniken empfehlen Sie sonst noch, vielleicht eine, bei der weniger kaputtgeht?
Toll ist der Triangle Kiss, also der Dreieckskuss, bei dem man erst den Mund, dann eines der Augen des Partners, dann das andere Auge, dann wieder den Mund küsst. Das schürt Erwartungen beim Geküssten, man erwartet die nächste Berührung,

gute Sache. Der French Kiss ist, wenn richtig ausgeführt, auch stark: also der Kuss mit Zunge, zu dem das Feedback der Befragten eindeutig ist. Am Anfang wenig Zunge, kein mechanisches Rein-Raus, langsam anfangen. Männer mögen Frauen, die ihren Mund weit öffnen. Frauen mögen es, wenn sie beim Küssen genug Luft bekommen, und wenn der Mann Pausen macht und seine Zunge nicht zu tief reinsteckt.

Wer kommt denn in Ihre Beratung? Eher Männer oder eher Frauen?
Paare. In 95 Prozent der Fälle sind es die Frauen, die die Männer mitschleppen.

Sind Männer die schlechteren Küsser?
Schwer zu sagen, aber ich würde sagen: Ja. Denn sie sehen Küssen oft als Vorspiel zum Sex, während Frauen aus Spaß küssen und daher kreativer und weniger zielorientiert sind.

Sie waren Jurist und sind heute Unidozent. Warum haben Sie sich überhaupt mit dem Küssen so beschäftigt?
Weil ich über Jahre ein Buch mit dem Titel *Die Kunst des Küssens* verschenkt habe, es ist aus den 30er-Jahren, eine eher philosophische Abhandlung. Und als es vergriffen war, war ich mir sicher: Ein Buch übers Küssen, das wird ein Riesending. Allein in den USA hat sich mein Buch eine Viertelmillion Mal verkauft, und es wurde in 23 Sprachen übersetzt. Ich habe damit irre Geld verdient.

Und wofür haben Sie es ausgegeben?

Für Frauen natürlich. Also eigentlich, um Frauen zu beeindrucken. Ich habe eine Riesenwohnung in New York gemietet, Filme mitproduziert, solche Sachen. Unter anderem lustige Lehrfilme übers Küssen, bei denen ich in einer nachgebauten Mundhöhle stehe und von beiden Seiten von Zungen umgeschubst werde.

Ich bin damals ziemlich durchgedreht, jetzt ist das Geld weg, auch in Ordnung.

93 Prozent aller Menschen erinnern sich an ihren ersten Kuss, Sie auch?

Klar, ich war 17 und ich habe auf einer Party das schönste Mädchen meines Colleges geküsst. Ich habe sie vorher gefragt und sie sagte, sie habe einen festen Freund, worauf ich erwiderte, dass wir ihn ja ein bisschen eifersüchtig machen könnten. Der Kuss war übrigens der Wahnsinn, ohne Zunge, aber der Wahnsinn.

Paare küssen sich am Anfang viel, später in der Beziehung weniger. Muss man das so hinnehmen, oder würden Sie sagen, dass man dagegen ankämpfen kann?

Ich glaube, es ist schwer bis unmöglich, wieder an den Anfangspunkt einer Beziehung zu kommen, einfach weil im Zustand der ersten Verliebtheit die Körperchemie ja total durchdreht. Marilyn Monroe hat mal gesagt, dass man sich beim Küssen einfach jemand anderen vorstellen soll, dann macht es wieder mehr Spaß, ich bin mir aber nicht sicher, ob ich das wirklich empfehlen kann. Ich würde eher sagen: Beißen Sie, knabbern Sie, saugen Sie, holen Sie die Luft aus Ihrem Partner raus, schnappen Sie sich die Oberlippe, die Unterlippe, lassen Sie nichts ungeküsst.

Sie sind verheiratet und Kussexperte. Werden Sie genug geküsst?
Nein, viel zu wenig. Aber wir haben in den nächsten Tagen unseren zehnjährigen Hochzeitstag, ich hoffe auf einiges, auch auf einige Küsse.

Küssen Sie in Abständen fremde Frauen?
Ich sage es mal so, als Schriftsteller braucht man eine Muse. Ich bin Künstler, Sie verstehen, was ich meine.

Ja, verstehe. Wenn Sie sich jemanden wünschen dürften, den Sie jetzt küssen dürften, ohne dafür mit Ihrer Frau Ärger zu bekommen, wer wäre das?
Dominique Swain, sie hat in den späten Neunzigern in der Verfilmung von Lolita mitgespielt. Sehr... wie sage ich das jetzt?

Sexy?
Oh Mann, ja, sehr sexy.

4

Absolute Beginner –
Das erste Mal

Sie sagt: In der elften Klasse des Gymnasiums für Mädchen am Lerchenfeld, wie meine Schule früher hieß, gab es zwei Fraktionen: Die eine hatte schon, die andere noch nicht. Monika, unsere Klassensprecherin, hatte den »Club der Entjungferten« gegründet, und immer, wenn eine von uns »es« zum ersten Mal getan hatte, konnte sie Mitglied werden. Sie bekam dann einen Negerkuss, so nannte man Schokoküsse damals noch. Monika selbst war übrigens die Erste gewesen

Mit 17 noch Jungfrau?
Wie peinlich war das denn bitte?

und hatte uns schon mal so richtig eingegruselt: »Es war in einer Sekunde vorbei, tat tierisch weh, meine Blutspur ging durch die ganze Wohnung. Aber danach wird's besser.«

Aber das war nicht der Grund, warum ich so lange das jüngferliche Schlusslicht war. Ich hatte zwar einen Freund, er hieß Michael, aber eigentlich noch keine richtige Lust. Was ich irgendwie ungesund fand. Unnatürlich. Mit 17 noch Jungfrau? Wie peinlich war das denn bitte? Ich fühlte mich wie auf einem Zehnmeterbrett, alle anderen waren schon gesprungen, nur ich wippte noch zitternd auf dem Brett und traute mich nicht. »Na, wann ist es denn endlich bei dir mal so weit?« fragte mich Monika Woche für Woche – und nur zu gern hätte ich getrickst wie bei meinen gefakten Entschuldigungen im Sportunterricht: »Evelyn kann heute leider nicht am Sportunterricht teilnehmen, weil sie sich unwohl fühlt.« Aber ich traute mich nicht zu lügen. Monika, die es wissen musste, hatte nämlich gemeint, man würde es einem Mädchen ansehen, ob es schon mal Sex hatte oder nicht.

Und so wurde DAS ERSTE MAL in meinem Kopf zu einer fixen Idee. Zu einer Sache, die ich endlich hinter mich bringen wollte und musste. Ein paarmal nahm ich Anlauf, um dann im letzten Moment zurückzuschrecken. Ich denke nicht, dass mein geduldiger Freund, der mir dann endlich zu dieser Mit-

Der Bauchklatscher vom Zehnmeterbrett war weniger schlimm gewesen als befürchtet.

gliedschaft verhelfen durfte, sich nostalgisch daran erinnert, an eine unerfahrene 17-Jährige, für die der Begriff »sexuelle Spaßbremse« neu definiert werden müsste. Ich erinnere mich an reichlich Cola Rum vorher und ein etwas verklemmtes Herumgestochere bei Kerzenschein und daran, wie ich danach vor dem Badezimmerspiegel stand und dachte: »Jetzt bist du endlich eine richtige Frau.« Ich war stolz und erleichtert, der Bauchklatscher vom Zehnmeterbrett war weniger schlimm gewesen als befürchtet. Aber der große Knüller war er auch nicht.

Hat sich in den letzten Jahrzehnten viel verändert? Am sozialen Druck, am Lampenfieber, an der verkrampften Unsicherheit? Ich glaube, trotz Aufklärung und überall zugänglicher Verhütungsmöglichkeit, bei vielen Mädchen vermutlich nicht. Klar gibt es sie, die schon in der Vorpubertät erotisch dampfenden kleinen Lolitas, für die Sex so einfach ist wie der perfekte Lidstrich, aber die meisten von uns brauchen länger, bis die Sache so richtig Spaß macht. Diese überflüssigen, hartnäckigen Ängste! Wie sehe ich im Liegen aus, wie bewege ich mich, sind meine Oberschenkel zu dick, ist mein Busen zu klein, mein Make-up verschmiert, sind die Extensions locker, findet er mich überhaupt sexy? Auf die eigene Lust zu achten ist da schwierig. So fängt dann das Orgasmus-Vorgetäusche an, in dem es viel zu viele Frauen zu großer Meisterschaft bringen.

Seit ein paar Jahren kommt das Thema Ganzkörperenthaarung dazu. Junge Männer, so höre ich, rasten aus, wenn ein junges Mädchen außer am Kopf auch nur ein einziges Haar hat, das es vergessen hat auszuzupfen oder waxen zu lassen. Ein Stress, der meiner Generation zum Glück erspart blieb. Und deswegen verbringen Frauen gaaaanz viel Zeit mit gaaaanz bescheuerten Überlegungen. Schleichen sich noch als erwachsene Frauen vor dem Morgengrauen ins Bad, damit der Neue sie nicht ungeschminkt-verwüstet sieht. Hat eigentlich jemals ein Mann beim Sex den Bauch eingezogen? Männer haben höchstens Angst, dass »es« nicht klappt. Was insofern genauso bescheuert ist, weil ein vorübergehendes »Schwächeln« Frauen sehr viel weniger ausmacht als Männern. Was nervt, ist nämlich nicht »der kleine, weiche Willy«,

wie es eine Bekannte einmal formulierte, »sondern der zu-
tiefst betroffene Mann, der dranhängt.« Den man als Frau erst
einmal stundenlang trösten und wieder aufbauen muss. »Ist
nicht so schlimm, Schatz, wirklich nicht.«

Und obwohl für die meisten Frauen Sex und Liebe sia-
mesische Zwillinge sind, die nicht getrennt werden können,
machen sie ausgerechnet beim ersten Mal manchmal eine
Ausnahme. Warten nicht auf die ganz große Liebe, sondern
»bringen die Sache hinter sich« mit einem Netten, in den sie
nicht verliebt sind. Weil sie dann relaxter sind. Sie üben für
den Richtigen. Eigentlich ganz vernünftig. Das erste Mal? Ist
meistens nicht so toll. Wird aber immer besser.

Deshalb ist eigentlich egal, wie es war. Entweder es war der
Knaller, umso besser, aber auch, wenn gar nichts geklappt hat,

Das erste Mal? Ist meistens nicht so toll.
Wird aber immer besser.

es ein Riesenreinfall war, die Erinnerung daran ist später
entweder für eine lustige Geschichte gut (»Wir waren gerade
dabei, als ihre Eltern überraschend nach Hause kamen«), oder
die Erinnerung hat sowieso alles rosa gefärbt. Wenn ich an
meine Exfreunde zurückdenke, dann nur nostalgisch-ver-
klärt. Wer war gut, wer mittel, wer schnarch? Alle waren toll.
Ich hoffe, die Männer meines Lebens sehen das genauso. Man
hofft als Frau ja, egal, was alles passiert ist, trotzdem immer
ein bisschen, dass man den Frauenstandard seiner Lover so
hoch ansetzt, dass sie sich nie wieder ganz davon erholen können. Dass man immer die Beste bleibt. Und deswegen gehe ich

davon aus, dass, wenn Michael im Seniorenheim sitzt, als einziger Mann, weil Frauen ja leider im Schnitt sieben Jahre länger leben, er seinen hochbetagten Zuhörerinnen erzählen wird: »Ich hab sie nie vergessen. Sie war schön, sie war klug, sie war witzig, und sie war meine erste Liebe.« »Wie hieß sie denn?«, wird eine Frau fragen. »Vielleicht lebt sie ja noch.« Und Michael wird sich am Kopf kratzen, auf dem vermutlich keine Haare mehr wachsen, und bedauernd »Ich hab's vergessen« sagen.

Er sagt: »Kiiiiirsten.« Ich liege auf dem Bett meiner ersten, richtigen Freundin. Ich bin gerade 17 geworden. Es ist Mai 1990. Das Bett meiner Freundin steht in ihrem Jugendzimmer, im Kellergeschoss des Hauses ihrer Eltern. Das Zimmer hat zwei Kellerfenster – durch die man auf Höhe der Grasnarbe in den Garten von Familie Birkeling blickt. Man schaut auf die dunklen Blätter von Rhododendronsträuchern, einen aufgerollten Gartenschlauch und die schwarzen Schuhe von Vater Birkeling. Man kann noch ein Stück seiner Beine erkennen, für den Rest ist das Kellerfenster zu klein. »Kiiiiirsten.« Gleich werde ich erschossen.

Jungs haben große Angst vorm ersten Sex. Angst, dass man das mit dem Kondom nicht hinbekommt und man einen (Zitat meines Freundes Felix) »Lattenzusammenbruch« hat, weil man zu nervös ist. Ein Lattenzusammenbruch ist grausam. Man will mit diesem schrecklichen Wort nicht in Verbindung gebracht werden. Im Moment des Lattenzusammenbruchs kann man nur hoffen, dass die Freundin »dichthält« und es niemandem erzählt. Ein sehr guter Satz nach dem Lattenzusammenbruch ist übrigens: »Ich bin so nervös, weil ich dich so liebe.« Dagegen kann keine Frau der Welt was einwenden.

Man hat Angst: dass der Sex zu schnell vorbei ist, dass man trotz Kondom und Pille gleich ein Baby zeugt, weil ein alttestamentarischer Gott einem für die eigene Teenagergeilheit eins überbraten will. Oder eben, dass man erschossen wird. Zum Beispiel von Kirsten Birkelings Vater, der in der Abenddämmerung vor ihrem Kellerfenster auf und ab geht.

Herr Birkeling arbeitete pro forma als Abteilungsleiter bei einer Großbäckerei mit Filialen in ganz Europa. Was aber so gar nicht zu einem Mann zu passen schien, der so groß und breit war wie ein Überseekoffer und dabei ein Gesicht hatte wie Cary Grant. Er gab mir immer die Hand, als wolle er sie auf die Hälfte ihrer Größe zusammendrücken. Und er arbei-

17-jährige Jungs spüren, dass die Väter von Töchtern, mit denen man Sex haben will, davon nicht so richtig begeistert sind.

tete in Wahrheit nicht bei einer Bäckerei – sondern als Geheimagent beim Bundesnachrichtendienst. Was mir Kirsten nach einem halben Jahr Beziehung erzählte. Er hatte eine Dienstwaffe, die Kirsten nach seinem Tod von ihm geerbt und später vergraben hat.

17-jährige Jungs spüren, dass die Väter von Töchtern, mit denen man Sex haben will, davon nicht so richtig begeistert sind. Man bekommt das mit, auch wenn man kein Paar schwarze Schuhe Größe 47 vor dem Kellerfenster stehen sieht.

Es ist einem vollkommen bewusst, dass man gerade dabei ist, dem Vater etwas für immer wegzunehmen. Und dass die eige-

Das erste Mal Sex haben, das ist für Männer und Jungs, big surprise, eine Riesensache.

nen, schmutzigen Pläne gleich auffliegen, egal wie freundlich man an der Haustür die Schuhe auszieht, egal wie wortreich man den mit Dosenpfirsichen belegten Kuchen von Mutter Birkeling lobt. Mit dem Satz »Wir gehen jetzt mal in den Keller« ist alles gesagt. Man könnte auch gleich durch die Wohnung rufen: »So Leute, Kuchen war okay, Kaffee war mies wie immer, aber scheiß drauf, jetzt wird ja gleich gebumst, wir sehen uns beim Frühstück, ich wünsche noch einen angenehmen Abend.«

Als Kirsten Birkeling und ich drei Wochen ein Paar waren, wartete ihr Vater eines Abends neben der Garage auf mich, an die ich immer mein Rennrad anlehnte. »Du bleibst hier übrigens nie zum Frühstück«, ließ er mich wissen. Ich finde, das ist ein sehr ziviler Satz für jemanden, der vermutlich tagsüber KGB-Agenten mit Lötkolben gefoltert hat. In meiner Erinnerung lag in diesem Satz bereits Resignation. Ihr macht es ja sowieso, ihr räudigen, hormongesteuerten Bumsbeutel.

Das erste Mal Sex haben, das ist für Männer und Jungs, big surprise, eine Riesensache. Alle Sinne zeichnen diesen Moment auf, man merkt sich das Sonnenlicht auf dem Teppich, den Geruch des Zimmers, die Musik. Kirsten Birkeling war 1990 ein großer Udo-Jürgens-Fan, was 1990 das uncoolste war, nicht steigerbar uncool, Endstation uncool. Beim Sex mit Kirsten Birkeling lief immer Udo Jürgens. Wobei viele der Songtexte von Udo letztlich total sexy sind, wenn man sie im richtigen Zusammenhang hört. »Ich weiß, was ich will.« Stimmt. »Ich würd' es wieder tun.« Auch richtig. »Ich will – ich kann.« Danke, dass du das auch so siehst, Udo. Udo war ein Sexkomponist, wenn man genau hinhört.

Der erste Sex führt bei Männern dazu, dass sie sich in die Frau, mit der sie das erste Mal Sex haben, verlieben und weich wie Butter in der Sonne werden. Punkt. Wir streiten das gern ab, weil wir ja jetzt, da wir Sex hatten, Männer und deshalb härter sind. Sich jetzt zu verlieben und wieder weich zu werden, das scheint wie ein Rückschritt, deshalb leugnen wir es. Ich glaube, der versaute Witz ist eine Erfindung von einem Mann, der sich nach dem ersten Sex irgendwas überlegt hat, um seine romantische Stimmung zu übertünchen. Um auf harten Hund zu machen.

1990. Es ist Nacht, und ich habe mit Kerstin Birkeling Sex. Es ist spektakulär. Ich stehe kurz danach in der Garagenauffahrt neben meinem Fahrrad und drehe mich noch mal zu den Kellerfenstern um, es brennt noch Licht, aber die Vorhänge sind zu. Der Garten liegt grau in Dunkelheit und absoluter Stille. Vater Birkeling steht neben einer Tanne und raucht, ich kann sein weißes Oberhemd erkennen und die Glut seiner Zigarette. Es ist zu dunkel, um zu sagen, ob er mich anblickt, oder einfach nur in den Himmel schaut. Es ist unklar, seit wann er dort ist, ob er auf mich gewartet hat. Der Moment hängt in der Schwebe zwischen Bedrohung und einem schäbigen

Triumphgefühl. Dann dreht sich Kirstens Vater von mir weg. In meiner Erinnerung tut er das langsam, wie ein großes, müdes Tier. Während er zurück ins Haus geht, klingen aus dem Kellerfenster, leise aber unüberhörbar, die ersten Takte von »Ich war noch niemals in New York«.

Das Experten-Interview:
Jungfernfahrt

Paula Lambert trägt ein T-Shirt mit einem silbernen Tigerkopf darauf, dazu eine schwarze, halblange Stoffhose, schwarze Sonnenbrille. Sie sieht aus, als wäre sie gerade aufgestanden. Sie sitzt auf einer breiten Holzbank in ihrem Garten, Blick auf den Weißensee in Berlin. Ihre Söhne, acht und elf, sind in der Wohnung, sie müssen ja nicht jedes Wort mithören, wenn Mama über Sex redet. Lambert, 41, ist die Moderatorin der Erotiksendung »Paula kommt – Sex und gute Nacktgeschichten«. Sexkolumnistin und Autorin mehrerer Romane und Sachbücher über Sex. Kaum jemand kann so offen und entwaffnend über Erotik reden wie sie.

Ist das erste Mal Sex für Mädchen wichtiger als für Jungen?
Natürlich ist es das. Weil man als Mädchen damit zur Frauenwelt gehört. Es ist ein Riesenschritt. Jungen hingegen haben das erste Mal Sex, um innerhalb ihrer kleinen Bezugsgruppe, ihrer winzigen Clique, dazugehören zu dürfen.

Wie war Ihr erstes Mal?
Mittelmäßig, doof, freud- und etwas lieblos. Irgendwas dazwischen, ich war 15 und wollte es einfach vor den Weihnachtsferien abhaken.

Ich hatte vermutet, dass durch die Allgegenwart von Pornos Teenager früher und mehr Sex hätten. Das Gegenteil ist der Fall. Laut einer Studie der Bundeszentrale für gesundheitliche Aufklärung ist die Zahl der Teenager, die früh Sex haben, in der letzten Zeit stark gesunken. Bei den 14-jährigen Mädchen von zwölf auf sieben Prozent. Bei den gleichaltrigen Jungen von zehn auf vier Prozent. Woran liegt das?
Weil zumindest die gebildeten oder einigermaßen empfindsamen Teenager mitbekommen, dass sie sich etwas Künstliches anschauen, wenn sie sich auf dem Handy Fetischpornos ansehen. Und ich vermute, dass vielen Teenagern Pornografie eher Angst macht. Da ist ja auch oft ekelhaftes Zeug dabei, das auch mir übrigens kein bisschen Lust macht. Und ich moderiere eine Sexsendung.

Eine Langzeitstudie aus Texas scheint zu belegen, dass Teenager, die spät Sex haben, langfristig die glücklicheren Beziehungen führen. Als »spät« bezeichneten die Wissenschaftler Frauen und Männer älter als 19. Die von den Wissenschaftlern angenommene Erklärung: Wer später Sex hat, ist wählerisch – und das auch später bei der Partnersuche.
Möglich. In meinem Fall waren rund 80 Prozent des Sex, den ich vor 20 hatte, komplett überflüssig. Ich war einfach viel zu grün, ich habe nicht deutlich gesagt, was ich will und was

ich nicht will. Ich war zwar körperlich in viel, viel, viel besserer Verfassung als jetzt, also echte Topware, aber mit null Selbstbewusstsein, und das ist keine gute Voraussetzung für Sex. Ich kann mir eigentlich niemanden vorstellen, der vor 20 mit einem echten Gefühl von innerer Freude Sex hat, der Kopf ist vorher einfach noch nicht so weit. Wobei ich bei allen, die Teenagern Sex ausreden wollen, vorsichtig wäre. In den USA gibt es ja die Purity-Ring-Bewegung. Teenagermädchen geloben, keinen Sex vor der Ehe zu haben. Stattdessen gehen sie mit ihren Vätern auf Bälle, während derer sie versprechen, nur Daddy zu lieben. Das klingt nach Inzest und Verlogenheit – ziemlich widerlich.

Der erste Sex ist, egal ob früh oder spät, der Stoff für endlose Teenagerdramen und Romane. Auch wir widmen dem hier ein Kapitel. Berechtigt?
Erich Kästner hat in seinem Vorwort zum *Fliegenden Klassenzimmer* geschrieben, dass wir auf groteske Art dazu neigen, die eigene Kindheit zu sentimentalisieren und zu überzuckern. Und ich glaube, das findet auch bezüglich des ersten Sex statt. Und der Person, mit der wir den ersten Sex hatten.

Sie bekommen von Ihren Zuschauern ja eine Menge Mails, darunter viele Jungfrauen, männliche und auch weibliche, was raten Sie denen?
Ich antworte: Keine Panik. Es sei denn, jemand ist einfach so schüchtern, dass er generell niemanden anspricht, mit niemandem flirtet oder rummacht, dann ist da vermutlich psychisch was im Argen und ich bin die Falsche, da einen Rat zu geben.

Aber ansonsten: Keine Panik. Weil ich, wie gesagt, nicht daran glaube, dass vor Anfang 20 Sex sonderlich erfüllend ist.

Sollte man den Menschen, mit dem man das erste Mal Sex hat, lieben?
Nein, das ist doch Quatsch. Aber ihn achten wäre nicht schlecht. Wenn ich die Uhr zurückdrehen könnte, würde ich mit meinem damals besten Freund das erste Mal Sex haben – und nicht mit dem Typen, mit dem ich damals irgendwie zusammen war. Mit meinem besten Freund hätte ich wenigstens nachher richtig drüber reden und vielleicht auch drüber lachen können. Denn letztlich ist Sex doch auch ein sehr affiger Vorgang. Dieses rein, raus, das hat ja auch was Komisches. Sex mit Menschen mit Humor zu haben, halte ich sowieso für eine gute Idee.

Darin habe ich immer meine große Chance gesehen, mittelmäßiges Aussehen, aber Spitzenhumor.
Aha. Na, wenn das für Sie hinhaut, ist doch super.

5

Verliebte Jungs und Mädchen – Komm in die Beziehungskiste

Sie sagt: »Muss ich mir seinen Namen merken?«, fragte meine Mutter, als ich ihr im Zeitraum von drei Monaten den vierten jungen Mann vorstellen wollte. »Natürlich«, sagte ich, weil ich bei jeder frischen Liebe davon ausging, dass sie für immer dauern würde. Als Teenager ist das Herz ja ein derart flexibler Muskel, dass man sich pausenlos ver- und wieder entliebt, ohne zu ermüden. Im Gegenteil, eigentlich holt man immer nur Schwung für die nächste Runde. Dass dieser Schwung einmal aufhört und man 30 Jahre später: »Ich würde ja gern, aber das Angebot ist so dürftig, da guck ich lieber ›Rote Rosen‹« sagen würde, unvorstellbar. Aber egal, wie oft das Liebespendel hin- und herschwingt, es kommt der Moment, wo es innehält und man »miteinander geht«, so jedenfalls hieß es

> Als Teenager ist das Herz ein derart flexibler Muskel, dass man sich pausenlos ver- und wieder entliebt.

früher, heute ist man »in einer Beziehung« und postet es auf Facebook. Die gleiche Sache, die gleichen Gefühle.

59

Meine erste Liebe hieß Andreas, unsere Beziehung hielt drei Monate. Ich war 16, er drei Jahre älter, und da das Ganze sich in analogen Urzeiten abspielte, schrieben wir uns ellenlange Briefe auf kleinstkariertem Papier, die ich aufbewahrt habe, obwohl sie inzwischen fast verblichen sind. Mein Lieblingssatz: »Du bist einfach wunderbar, jeder Quadratzentimeter meines Körpers strebt dir zu!« Ich habe diesen Satz bis jetzt mindestens 5678-mal gelesen, und jedes Mal rieselt ein kleiner Schauer über meinen Körper, obwohl der Satz superkitschig ist, oder gerade deshalb. Gott, war ich verknallt!

Wenn ich aus der Schule kam, lungerte ich im Wohnzimmer herum, wo das Familientelefon stand, und bei jedem Klingeln klopfte mein Herz. Vor jedem Date war mir schlecht vor Aufregung. Wenn wir zusammen waren, wollte ich besonders toll und witzig sein und war meistens das Gegenteil. Amerikanische Wissenschaftler haben herausgefunden, dass Verliebtheit und Alkoholrausch durch dasselbe Hormon beflügelt werden – es heißt Oxytocin und sorgt unter anderem als sogenanntes »Kuschelhormon« dafür, dass Männer nach dem Sex sofort einschlafen und Frauen sich überlegen, ob der Schnarcher neben ihnen wohl Kinder und Hunde mag und sie ihm nach der Hochzeit abgewöhnen können, beim Orgasmus jedes Mal: »Mach mich fertig, kleine Drecksau!« zu rufen.

Nach drei Monaten verliebte ich mich in Michael, und Andreas legte eine Woche lang jeden Tag eine Rose auf meine Fußmatte. So fing mein Liebesleben an.

Und so fing das Liebesleben meiner Kinder an: sehr, sehr unterschiedlich. Der größte Unterschied ist nach wie vor, dass meine Tochter mir alles erzählt und mein Sohn kein Wort. »Warte, bis ich heirate«, sagt er, »das davor musst du nicht wissen.« Was ich sehr unbefriedigend finde, aber nicht ändern kann.

»Mami«, sagte meine damals 14-jährige Tochter, »rate mal, was heute Nachmittag passiert ist?« Ich war ein bisschen erschrocken – war sie nicht gestern noch mein kleines Mädchen gewesen, das mit Barbies gespielt hatte? Und jetzt schon Sex, mit 14? Ihr Vater war not amused, als plötzlich der 15-jährige B. ständiger Hausgast und die Jugendzimmertür immer öfter

**Wir ertrugen es zähneknirschend,
Hauptsache unsere Prinzessin war happy.**

fest verschlossen war. »Seid bitte nett«, forderte die Tochter. »Ich möchte, dass er sich wohlfühlt.« Wir waren nett, und er fühlte sich wohl und stand dann in Boxershorts und sonst nichts am frühen Nachmittag in unserer Küche und briet Spiegeleier mit so viel Butter, dass die ganze Küche butterspritzig war. Er duschte ausgiebig, rasierte sich dabei und verstopfte den Abfluss. Wir ertrugen es zähneknirschend, Hauptsache unsere Prinzessin war happy. Eines Nachts schreckte ich hoch, weil sie auf meiner Bettkante saß. »Was ist passiert?«, krächzte ich panisch. »Mami, weißt du, was B. gerade gemacht hat? Mein Tampon ist hochgerutscht, und er hat ihn wieder rausgefischt. Jetzt weiß ich ganz genau, dass er mich liebt.«

Too much information! Mit hartnäckigen Bildern im Kopf schlief ich nach Stunden wieder ein.

Meine erste Liebe spielte sich fast ausschließlich außerhalb der elterlichen Wohnung ab, was daran lag, dass ich das »Kinderzimmer« mit meiner zwei Jahre jüngeren Schwester teilen musste, weil es noch zwei weitere Schwestern, einen Bruder und nur eine 110 Quadratmeter große Wohnung gab. Dahingegen fand das Liebesglück meiner Tochter überwiegend zu Hause statt. »Wollt ihr nicht auch mal bei ihm übernachten?«, fragte ich irgendwann, obwohl ich mich inzwischen an meinen ständigen Hausgast gewöhnt, ihn sogar in mein Herz geschlossen hatte. Kaum zu vermeiden, wenn die Intimität einen Grad erreicht hat, der einen (mich) automatisch inzwischen nicht mehr fremde Barthaare aus dem Waschbecken spülen lässt. Nach einem Monat hatte ich B. adoptiert, er war der zweite Sohn, der zufällig mit meiner Tochter schlief, sich aber ansonsten genauso ungezwungen an meinem Kühlschrank bediente wie mein eigener. Um anschließend das Wochenende im oder auf dem Bett meiner Tochter zu verbringen, wo sich die beiden diverse Serien reinzogen, eine Staffel nach der anderen. Ich fand erstaunlich, wie blitzschnell die erste Liebe meiner Tochter von »Oh Gott, er ist der Wahnsinn!« zu »Fragst du deine Mutter mal, ob noch was vom Kuchen da ist?« und ihrem »Frag sie doch selber« mutierte.

Und dann, ohne Vorwarnung: aus die Maus. Und kurz darauf musste ich mir wieder einen neuen Vornamen merken. Die Männer wechselten, aber diesen blitzschnellen Umschwung vom Anfangsrausch zu Vertrautheit – den hat meine Tochter beibehalten. Zum Glück erzählt sie mir noch immer – fast – alles.

Mein Sohn dagegen war längst in einer Beziehung mit Z., als ich den Big Mac nach dem Fußballtraining noch für seinen ganz persönlichen Höhepunkt hielt. Wann, wie, wo er »zum Mann« wurde, wie es so schön heißt, ich habe keine Ahnung. Er hielt und hält sich äußerst bedeckt, was sein Liebesleben angeht. Und er hat sehr altmodische Ansichten, was die Beziehung von Mann und Frau angeht. »Am liebsten würde ich eine Jungfrau heiraten«, verkündete er kürzlich. Ich verschluckte mich fast. »Bist du bescheuert?«, rief ich. »Und du darfst alles, oder was?«

»Ist vielleicht unrealistisch«, lenkte er ein, »so zwei oder drei Partner könnte ich vielleicht verkraften. Maximal.« Ich war fassungslos. Wo hatte ich versagt, dass mein Sohn so ein Steinzeitmacho geworden war?

Die Beziehung zu Z. hielt übrigens drei Jahre. Aber sie fand vorwiegend in ihrem Elternhaus statt, weil sich Mädchen in ihrer Familie am wohlsten fühlen. Das bleibt auch so, haben mir Mütter berichtet, die schon weiter sind als ich. Z. war ein wunderbares Mädchen, schlau, bildhübsch. Sie hat meinem Sohn sogar beigebracht, wie man Knöpfe annäht. Leider ging sie nach England, mein Sohn studiert in Holland und ist seitdem das, was er einen »Player« nennt, soll heißen, er hat Spaß, zieht aber lieber mit seinen Jungs um die Häuser, als den »Liebeskasper« zu spielen. Junge Männer, so mein Eindruck, sind bis hoch in die Zwanziger lieber unter sich. Keine Lust auf Romantik, Beziehungsstress, Schlussmachen müssen, wenn die Sache nicht mehr läuft. Aber obwohl er mir nichts erzählt, merke ich sofort, wenn er Sex hatte. Woran? Seine Laune ist super, und er hat weniger Pickel.

Das Experten-Interview: Absolute Gewinner

Prägt uns die erste Liebe für den Rest des Lebens? Nein, sagt der Psychologieprofessor Franz Neyer, der für eine aktuelle Studie das Verhalten von 12 000 Männern und Frauen untersucht. Aber Beziehungen sind generell gut für uns. Warum? Das verrät er hier.

Hat die Wahl unseres ersten Partners Einfluss auf die zukünftige Partnerwahl?
Nein.

Wird denn ein Muster festgelegt, dem wir danach folgen?
Nein.

Stimmt es, dass tendenziell die Frau eher die Beziehungswahl trifft und Männer eher »gewählt« werden?
Nein.

Ich dachte, dieses Interview würde anders laufen. Spiegelt denn unsere erste Partnerwahl das Verhältnis wider, das wir zu unseren Eltern hatten?
Nein, auch nicht. Natürlich hat das Verhältnis zu unseren Eltern Einfluss auf unsere Persönlichkeit, aber dieser Einfluss wird von vielen Psychologen und natürlich auch von den Eltern und Kindern selbst überschätzt, denn auch unser weiteres soziales Umfeld und die Erfahrungen außerhalb der Familie prägen uns – und ein Teil der Persönlichkeit ist auch ganz einfach

angeboren. Die Kriterien, nach denen wir Partner wählen, sind andere.

Und zwar?
Ähnlichkeit. Und das in folgenden Bereichen: Bildungshintergrund, Intelligenz, Attraktivität, Einstellung zu Sex und Partnerschaft und zum Leben überhaupt. Letztlich finden sich Menschen mit ähnlichen Merkmalen anziehend.

Sie haben in einer Studie das Beziehungsverhalten von rund 500 jungen Erwachsenen zwischen 18 und 30 untersucht, was haben Sie herausgefunden?
Ein Ergebnis der Studie war, dass junge Singles ein anderes Persönlichkeitsprofil haben als Menschen, die in Beziehungen leben oder schon gelebt haben. Singles sind insgesamt unangepasster, emotional instabiler, unsicherer, sie haben ein geringeres Selbstwertgefühl und sind schüchterner. Die Erfahrung erster Partnerschaften macht uns reifer, angepasster, sie fördert sozial erwünschteres Verhalten. Spannend wird es, wenn diese ersten Partnerschaften zerbrechen.

Was passiert dann?
Die Trennung tut zwar weh, aber die positiven Effekte auf die Persönlichkeitsentwicklung bleiben uns erhalten. In der englisch abgefassten Studie ist einer der Fazitsätze daher »Engaging in a serious partnership is a game you can only win.«

Gilt das auch für Teenagerliebe? Also die ersten Romanzen?
Dazu kenne ich keine Daten. Was ich aber weiß, ist, dass Teenagerbeziehungen eine andere Funktion haben als die Beziehungen junger Erwachsener. Teenager wollen sich durch die Beziehung von den Eltern abgrenzen, stärker Teil der Peergroup werden. Junge Erwachsene wollen hingegen, vereinfacht gesprochen, mit der Beziehung testen, ob der Partner für die langfristige Lebensplanung taugt. Faktoren wie Sicherheit und Umsorgtwerden spielen für den jungen Erwachsenen eine Rolle, als Teenager ist das nicht entscheidend.

Eine Studie, an der Sie zurzeit arbeiten und für die 12 000 Menschen über einen Zeitraum von 14 Jahren teilnehmen, verspricht, den Code einer glücklichen Beziehung zu knacken …
… das war die Überschrift eines Artikels zu der Studie, ziemlich reißerisch, das hat sicher ein Journalist formuliert.

Gibt es schon Ergebnisse? Was lässt Beziehungen halten?
Respekt. Konsens über die Lebensziele. Und es greifen Mechanismen, die man aus Studien der 90er-Jahre kennt. Männer suchen tendenziell jüngere, attraktive Partnerinnen, Frauen suchen nach Männern mit Status und Erfolg. Und das macht rein evolutionär ja auch Sinn. Männer investieren ja unter Umständen nur 30 Sekunden in die Fortpflanzung, Frauen Jahre, wenn sie das Kind aufziehen. Da sucht eine Frau natürlich andere Qualitäten in einem Mann. Es gibt eine witzige Folge von »Sex and the City«, die das sehr gut illustriert: Miranda geht zum Speed-Dating. Erfolglos, denn sie ist Anwältin und sagt

das den Männern auch. Als sie behauptet, Stewardess zu sein, haut es gleich mit einem Mann hin, der Arzt ist. Der sich dann aber später als Frisör entpuppt.

Der Mann hat seinen Status nach oben korrigiert, um bei einer Frau zu landen, die Frau hat das Gegenteil getan, um bei einem Mann zu landen.
So ist es. Es gibt sogar eine Untersuchung aus Dänemark, derzufolge Männer, die weniger als ihre Partnerinnen verdienen – bei denen das klassische Statusverhältnis verschoben ist –, mehr Potenzmittel benutzen, diese Studie ist aber nur bedingt verlässlich.

Meine Freundin hat also nach Status gesucht, mich gefunden und will aber jetzt, dass ich an drei Tagen die Woche unseren Sohn aus der Kita hole. Ich kann also nicht voll arbeiten, ergo verliere ich an Status. Die Gleichberechtigung demontiert den Mann, den sich meine Frau mal ausgesucht hat, und macht mich langfristig zum falschen Partner.
Nein, da sind Sie ganz auf dem Holzweg. Denn die von mir beschriebenen Mechanismen sind Teil eines evolutionären Erbes. Aus dem »Sein« folgt kein »Sollen«. Wir haben ja die freie Wahl, etwas zu tun, das auf den ersten Blick vielleicht »evolutionär unkorrekt« erscheint, uns aber in der Partnerschaft dann doch glücklich macht.

Gutes Schlusswort.
Sehe ich auch so.

6

Das war's – Schlussmachen für sie und ihn

Sie sagt: Worte, die man nie wieder vergisst. »Es tut mir leid, aber die Flamme in mir ist erloschen.« Keine Ahnung, warum er sich so blumig ausdrückte, aber die Botschaft war ja trotzdem klar. Aus, vorbei, du bist es nicht mehr. Er war 18, ein Jahr älter als ich, sah aus wie der französische Sänger Jacques Dutronc, spielte Gitarre, hatte lange, immer leicht fettige

> Das Leben verteilt seinen Liebeskummer
> meistens gerecht.

Haare und war meine zweite große Liebe. Die erste hieß Andreas (Stichwort: »Jeder Quadratzentimeter meines Körpers strebt dir zu!«), mit dem ich seinetwegen Schluss gemacht hatte und der mir glühende Verzweiflungsbriefe schrieb. Der kleine Rosensträußchen auf meine Fußmatte legte. Große konnte er sich nicht leisten. Und der mich null interessierte, genauso wenig wie ich Michael. Das Leben verteilt seinen Liebeskummer ja meistens gerecht. Er ging, ich sah ihm nach, aber ich kann noch heute fühlen, ein paar Jahrzehnte später, wie mir damals das Herz brach. Als ich nach

Hause kam, saß mein Vater im Wohnzimmer und las die Zeitung. »Was ist los, mien Deern?«, fragte er. Ich heulte erst mal eine Runde, und dann schenkte er sich und mir einen Cognac ein. »Auf Ex«, sagte er, »und auf den Nächsten.«

Schlussmachen, egal ob aktiv oder passiv, ist ein heikles Thema. Ein unangenehmes. Eins, auf dem ein Berg aus Schuldgefühlen, Verdrängung und Ungeschicklichkeit liegt. Es gibt keine goldene Regel. Was immer man sagt, wie immer man sich verhält, es fühlt sich verkehrt an. Es tut weh. Und zwar auf beiden Seiten. Obwohl Schlussmachen fast immer einseitig ist. Selten

Es gibt keine goldene Regel.

kommt es vor, dass einer sagt: »Du, ich mag irgendwie nicht mehr«, und der andere erwidert: »Mir geht es ganz genauso, Schatz«. Dass einer noch liebt, aber im anderen »die Flamme erloschen ist«, macht die Sache so schmerzhaft und kompliziert.

Und obwohl wir Frauen ja eigentlich die Sensibleren und Empathischeren sind, es uns auf jeden Fall einbilden, ist unser Schlussmachen oft brutaler, weil ehrlicher und gnadenloser. Was vermutlich daran liegt, dass Männer in Gefühlsdingen oft sehr schwer von Begriff sind. Und man deswegen als Frau die verbale Keule herausholen muss. Weil man auf ein einfühlsames »Du, vielleicht sollten wir beide mal eine kleine Auszeit nehmen. Ein wenig Abstand würde uns guttun. Vielleicht sogar ein etwas größerer …«, ein »Wovon sprichst du? Läuft doch alles super«, hört. Super?, denkt man dann als

Frau. Wir reden kaum, weil du immer zu kaputt bist oder lieber mit deinen Kumpels um die Häuser ziehst. Beim letzten Mal bist du beim Sex auf mir eingeschnarcht, was ich zuerst gar nicht merkte, weil ich vor dir eingeschlafen war. Dich macht ein zerknautschtes Sofakissen verrückt, mich dagegen, dass du mir kürzlich deine gebrauchte Zahnbürste mit den Worten »Damit kriegst du die Kachelzwischenräume supersauber« in die Hand gedrückt hast. Läuft wirklich super!

Folgende, gut gemeinte Sätze sind bei Trennungsgesprächen unbedingt zu vermeiden:

- »Es liegt nicht an dir, es liegt an mir.«
- »Lass uns Freunde bleiben.«
- »Du hast etwas Besseres verdient.«
- »Ich hab im Moment so viel mit mir selbst zu tun.«
- »Man trifft sich ja immer zweimal.«
- »Ich bin einfach noch nicht reif genug für eine Beziehung.«

Männer nehmen die Befindlichkeiten des Herzens anders wahr als Frauen. Ihre Frustrationstoleranz ist größer. Sie halten mehr aus. An Streit, an Wortlosigkeit, an Langeweile. Es sei denn, sie treffen eine hartnäckige, weibliche Alternative. Und Frauen, das wissen wir, sind in Liebesdingen oft skrupelloser als Männer. Am gefährlichsten ist die Mitt- bis Enddreißigerin mit bisher unerfülltem Kinderwunsch. Sie kennt keine Verwandten, wenn sie einen Mann mit geeignetem Genpotenzial und dazu passendem Bankkonto trifft. Doch selbst wenn diese Frau bereits hochschwanger ist, fällt es einem Mann schwer, sich von seiner alten Partnerin zu trennen. Den Spagat Standbein-Spielbein halten Männer, wenn sie nicht erwischt werden, sehr lange aus. Frauen fällt dies im

Männer nehmen die Befindlichkeiten des Herzens anders wahr als Frauen.

Übrigen auch immer leichter. Und so wie Autoliebhaber am liebsten einen Fuhrpark hätten, so wären die meisten Männer der Polygamie nicht abgeneigt, vorausgesetzt, die Frauen vertragen sich. Ich würde da von einer gewissen angeborenen maskulinen Bräsigkeit sprechen. Und von einem sehr stumpfen Kartoffelschälmesser, mit dem Männer uns dann beim letzten Gespräch ins Herz stechen. »Kein Bock mehr, Maus«, so hat sich kürzlich eine Internetbekanntschaft von einer Freundin verabschiedet. Immerhin am Telefon, nicht per WhatsApp.

Unser Messer ist schärfer, was daran liegt, dass wir es lange vor dem entscheidenden Gespräch schleifen. Wir reden mit Freundinnen, unser Kopfkino läuft, wir überlegen, leisten gedankliche Vorarbeit, gehen alle möglichen Szenarien durch. Was sag ich, was sagt er? Wir üben, manchmal sogar vor dem Spiegel. Wenn Frauen Schluss machen, sind sie deshalb meist gut vorbereitet, Männer dagegen beenden die Sache, wenn sie den Druck nicht mehr aushalten. Frauen rufen sofort ihre beste Freundin an und danach die zweitbeste, und dann wird gemeinsam geheult, geredet, getröstet. Wenn Frauen verlassen werden, fallen sie weich, Männer dagegen knallen hart auf den Boden der Tatsachen. Frau weg, Sex weg, lecker Essen weg. Sich mit den Kumpels die Birne wegzuballern und danach erst mal ein Riesenarschloch zu all den Frauen danach zu sein, hilft da auch nicht wirklich.

Sein Herz zu verlieren ist die schönste Art festzustellen, dass man eins hat, sagt ein Sprichwort. Auch wenn es vorübergehend gebrochen wird.

Er sagt: Die beliebtesten Songlisten auf der Musik-Website Spotify sind Sammlungen von Trennungsliedern. Eine heißt

> **Frisch verlassene Männer leiden.**
> **Und zwar: wie Sau.**

»Unrequited Love« – »Unerwiderte Liebe«. Eine andere »Forever alone«. Es gibt eine melancholische Liste namens »Just cry, sad songs«, außerdem die »Herzschmerz«-Liste, bei der man schon die vom Heulen geröteten Nasenlöcher zu sehen meint. Und ganz unten im Folterkeller der Website wartet eine Liste namens »Infelix« – was Angeberlatein für »unglücklich« ist. Die Liste müsste eigentlich ab 18 sein. Oder ab 30. Oder man müsste vor dem Anklicken versprechen, dass man diese Playlist nicht in der Nähe von geladenen Schrotflinten hört. Infelix hört sich an wie das Schluchzen eines dicken, erkälteten Beerdigungsunternehmers, der in frischem Beton versinkt. Diese Playlists werden zum Großteil mit den Gesichtern von Frauen beworben. Denn – so glaube ich – all diese Songs sind für Männer. Für frisch verlassene Männer. Denn frisch verlassene Männer leiden. Und zwar: wie Sau.

Woran liegt das? Männer werden immer plötzlich verlassen. Auch wenn sich die Trennung seit Wochen oder Monaten ankündigt. Und das liegt daran, dass wir anders als Frauen die Fähigkeit zum optimistischen Ausblenden haben. Wir sehen den Trennungs-Tsunami am Horizont, bestellen uns aber trotzdem noch einen Cuba libre und rufen: »Na das ist doch mal ein Wetterchen! Und da vorne kommt sogar eine tolle Welle!« So sitzen wir am Strand unseres Lebens.

»Da muss das Wort ›Ignoranz‹ stehen, nicht ›optimistisches Ausblenden‹!«, sagt meine Freundin. Doch optimistisches Ausblenden ist nur die halbe Wahrheit über die Denkweise des Mannes, kurz bevor er verlassen wird. Die ganze Wahr-

Männer werden immer plötzlich verlassen.

heit ist, dass wir zwar die Zeichen sehen, tief drinnen aber glauben, dass wir uns herauslavieren können, mit ganz vielen »Ach Baby!«, »Gib uns doch 'ne Chance« und »Ich kann mich ändern«. Mein Freund Stulli, der sich, seit ich ihn kenne, von Halbjahresbeziehung zu Halbjahresbeziehung hangelt, hat dafür ein Wort erfunden: männliche Laber-Power. Wir vertrauen auf die männliche Laber-Power. Sie hat uns schließlich auch geholfen, als wir unsere Freundin kennengelernt haben. Und wir ihr all diese coolen, halb wahren Sachen über uns erzählt haben: was für weitgereiste, vielsprachige, toll kochende Typen wir sind, wie verliebt wir sind, dass wir unsere Exbeziehung schon spitzenmäßig verarbeitet haben. Was für spannende Leben wir führen, an denen die Frau von jetzt an teilhaben darf.

Dass die Laber-Power jetzt – im Moment der Beziehungskrise – versagt, ist ein Stiefeltritt ins Gesicht. Unsere Tricks funktionieren nicht mehr. Wir sind nicht allein. Sondern wir sind plötzlich ganz allein. Stellen Sie sich ein Kind vor, das die Eltern beim Ausflug in den Safaripark in Schloss Holte-Stukenbrock plötzlich an einem Mülleimer anketten und zu dem sie in die Hocke gehend sagen: »Du, tschüssi, wir können das so einfach nicht mehr, Beziehung und so, ich glaube es ist Zeit zu gehen, man sieht sich.« Das tut weh. Wie Sau.

Der frisch verlassene Mann hat in der Zeit, als er noch eine Beziehung hatte, seine Männerfreundschaften schleifen lassen. Das ist fast ausnahmslos so. Und die totale Spitzenidee,

> Weil er so allein ist, leidet der verlassene Mann
> so laut und grell, wie es nur geht,
> damit sich Hilfe auf den Weg macht.

aus der eigenen Freundin während der Beziehung den besten Freund zu machen, entpuppt sich für die meisten Männer im Moment der Trennung als Landmine. Da also plötzlich keine Freunde mehr da sind – und die alten, permanent vernachlässigten nach Monaten des Schweigens erst wieder aktiviert werden müssen, ist der getrennte Mann allein, und zwar alleiner als jede Frau, die ich kenne. Und weil er so allein ist, leidet der verlassene Mann so laut und grell, wie es nur geht, damit sich Hilfe auf den Weg macht. Stulli beginnt nach einer Trennung immer demonstrativ zu rauchen, er abonniert das ganze Repertoire an verheulten Spotify-Playlisten und verkündet das per E-Mail, damit alle wissen, was gerade passiert.

Stulli ist außerdem der Meister der depressiven Drei-Wort-SMS. »Sie ist weg«, »Fuck, fuck, fuck«, »Bin in Bar«, »Alles, alles Kacke«.

Als mich Kathrin verließ, mit der ich den größten Teil meines Studiums zusammen gewesen war, hatte ich für Wochen das Gefühl, als wäre jemand gestorben, nur, dass ich das jede Nacht vergaß. Um dann morgens mit dem Gefühl aufzuwachen: »Hallo! Neuer Tag, wie läuft's denn – Moment, da war doch irgendwas: Kathrin. Ist. Weg.« Stulli bekam in dieser Zeit eine Menge Drei-Wort-SMSe. »Sie ist weg«, »Sie ist weg«, »Sie ist weg«.

»Okay, aber was ist mit Männern, die Schluss machen?«, fragt meine Freundin. Von denen gibt es in meinem Umfeld genau drei Sorten:

1. Der Egoshooter

Der Egoshooter hat sich schon die ganze Zeit wie ein Arsch verhalten. Und vermurkst daher konsequenterweise auch die Trennung, indem er entweder schon eine neue Freundin hat oder zumindest eine Affäre, bei der er sich aus Faulheit erwischen lässt. Der Egoshooter findet sich übrigens nicht mies, sondern wild. Er ist in seiner Wahrnehmung die Fransenlederjacke unter den Männern und einfach ein Mustang, bei dem eben auch mal ein paar Frauen unter die Hufe kommen. Er sagt: »Sorry, ich bin halt ein Arschloch, sorry!« Und ihm gefällt das so.

2. Der Patient

Der Patient hat, seit er mit Mitte 30 seine überfällige Gesprächstherapie gemacht hat, das ganze Vokabular des Psy-
choanalytikers drauf. Das hat er schon in der Kennenlern-
phase ausgepackt, um sich als überempathischer Zuhörer an
seine spätere Freundin heranzuwanzen. Der Patient ist in seiner Wahrnehmung vom Leben verletzt, also ein Opfer. Aber
eigentlich ist er ein selbstbezogener Windbeutel, der seine
halb behandelten Neurosen an anderen abtobt und das mit
dem Satz »Ich bin okay, so wie ich bin« bemäntelt. Er sagt im
Trennungsgespräch Sätze wie: »Ich glaube, ich bin einfach
noch nicht wieder so weit für eine neue Beziehung, und wenn
du da mal hinspürst, ist das für dich, glaube ich, auch so.« Er
schafft es, dass man ihn am Ende vermöbeln und gleichzeitig trösten möchte, und nimmt nach der Trennung seine Gesprächstherapie wieder auf.

3. Der kalte Fisch

Der kalte Fisch war seiner Freundin schon die ganze Zeit über
ein Rätsel, er redet nie, lässt sich nie in die Karten blicken,
macht alles mit sich aus. Das kann eine Zeitlang mysteriös
wirken, weil man immer hofft, das große Geheimnis des kalten Fisches zu knacken und die Erste zu sein, die den kalten
Fisch versteht. Da sich schon die ganze Beziehung so angefühlt hat wie eine Mischung aus »Fünf Freunde im Nebel« und
tonlosem Schwarz-Weiß-Film, bei dem man nicht kapiert,
worum es eigentlich geht, ist auch die Trennung eine eher
eisige Veranstaltung. Der kalte Fisch führt Trennungsgesprä-
che nachts im Auto während der Fahrt, da muss man sich

nicht in die Augen schauen, und er liebt Dialoge wie: »Es ist aus.« – »Aber warum denn das?« – »Einfach aus.« Da kommt dann auch nix mehr. Was dazu führt, dass sich die Frau danach für Monate fragt, warum sie eigentlich je zusammen waren. Und warum man sich getrennt hat.

Welcher Typ ich bin, will meine Freundin von mir wissen. Ich bin der jammerlappige Drei-Wort-SMS-Schreiber. Ich pendele zwischen der Verstocktheit des kalten Fisches und der klebrigen Selbstverliebtheit des Egoshooters nach 50 Stunden Gesprächstherapie. So wie die meisten Männer um mich herum bin ich ein Charaktergemisch. Ich würde wirklich gern anderes behaupten, aber: »Ich bin einfach nur Durchschnitt.«

Das Experten-Interview: Im Tal der Tränen

Als die Buchautorin Sandra Lüpkes ihren ersten Mann verließ, vermisste sie ein paar gute Ratgeber über Menschen, die verlassen, es gab keine. Dafür jede Menge über Verlassene. Also schrieb sie erst *Ich verlasse dich*, dann *Zweite Ehe – neues Glück*. Beide wurden Bestseller.

Stimmt es, dass sich Frauen schneller trennen als Männer?
Statistisch gesehen reichen mehr Frauen als Männer die Scheidung ein, aber wenn sie es tun, ist ja vorher schon sehr viel schiefgelaufen. Aber sie sind öfter diejenigen, die zu ihren Partnern »Ich verlasse dich, ich will die Trennung« sagen.

Woran liegt das?

Die emotionale Duldungsstarre ist bei Männern sehr viel ausgeprägter als bei Frauen. Sie halten langweilige, festgefahrene, lieblose Beziehungen länger aus. Sie verstummen, ziehen sich zurück. Und wenn sie eine Affäre haben, fahren sie viel länger zweigleisig.

Stimmt. Im Standbein-Spielbein-Spagat sind Männer Meister. Bis sie auffliegen und sich entscheiden müssen. Sind Männer einfach nur beziehungsfaul oder grundlos optimistisch?

Weder noch. Aber sie haben bei einer Trennung die schlechteren Karten. Wenn ein Mann seine Frau verlässt, sagen alle: »Das Schwein hat sie sitzenlassen.« Wenn er verlassen wird: »Dem ist die Frau weggelaufen.« In beiden Fällen gelten sie als Loser. Und Männer sehen sich lieber als Alphatier, als Versorger. Auch juristisch wird es Männern schwergemacht. Besonders, wenn Kinder im Spiel sind.

Und wenn eine Frau verlässt, hat sie immer gute Gründe? Oder sich nur in einen anderen Mann verliebt?

Frauen trennen sich nie leichtfertig. Das Gefühl bzw. Wissen, ihren Partner nicht mehr zu lieben und keinen Sex mehr haben zu wollen, wirkt sich bei vielen sogar körperlich aus. Egal, ob es einen anderen Mann gibt oder nicht. Frauen, die nicht mehr lieben, bekommen Hautausschläge oder Blasenentzündungen. Ihr Körper wehrt sich.

Männer sind da vermutlich robuster.

Ich denke schon. Vor allem fallen viele von ihnen nach einer Trennung ziemlich schnell wieder in ihr altes Muster zurück.

Stimmt. Eine Freundin erzählt von ihrem Ex, dass er mit seiner Neuen in dasselbe Hotel am Gardasee fährt, sich dieselbe IKEA-Bettwäsche mit ihr gekauft hat und eigentlich sein altes Leben weiterführt. Nur mit jüngerer weiblicher Besetzung.

Das ist ziemlich typisch. Frauen häuten sich, wollen verstehen, woran es gelegen hat. Männer legen ihr neues Glück sozusagen als Pflaster auf die alte Wunde, ohne diese genauer zu betrachten. Deswegen scheitern zweite Ehen auch häufig. Weil nichts verstanden, nichts aufgearbeitet wird. Aber natürlich gibt es auch Frauen, die sich schnell trösten wollen und dann dieselben Fehler wieder machen.

Aber Männer finden doch im Allgemeinen sehr viel schneller wieder eine neue Partnerin als umgekehrt. Ab 40, hat mal jemand gesagt, findet eine Frau nur noch eine leergeheiratete Wüste vor.

Besonders, wenn sie pubertierende Kinder hat. Geschiedene Männer sind in Patchworkfragen viel rigoroser, muten Kindern ihre neue Beziehung zu, ohne groß darüber nachzudenken. Frauen sind da meist vorsichtiger. Sie wissen, dass eine Fünfjährige, die aus der Dusche kommt, kein Problem hat, eventuell dabei gesehen zu werden, eine 15-Jährige allerdings schon, auch wenn sie es im Bademantel tut. Das diesbezügliche Kopfkino ist bei Frauen einfach sehr viel aktiver als bei Männern.

Sie haben zwei Bücher über Trennungen geschrieben.
Wie verhält man sich optimal bei einer Trennung, egal,
ob man verlässt oder verlassen wird?
Zweierlei ist wichtig. Konsequenz und Respekt. Man sollte sich immer daran erinnern, dass man einmal glücklich war, dass es gute Zeiten gab. Und als Mutter muss man ehrlich sein, was den Kindsvater angeht. Weder sollte man ihn den Kindern gegenüber schlechtmachen, noch sollte man ihn, falls er sie vernachlässigt, entschuldigen. Ich empfehle eine möglichst neutrale Haltung.

Wie lange dauert es ungefähr, bis man den
Trennungsschmerz überwunden hat?
Ungefähr ein Jahr. Vier Jahreszeiten. Wenn man alles richtig macht.

Sie haben sich von Ihrem ersten Mann getrennt.
Haben Sie denn alles richtig gemacht?
Vermutlich nicht alles. Aber seit fünf Jahren bin ich jetzt mit meinem zweiten Mann sehr glücklich.

7

Nur über meine Leiche – Wenn die eigenen Kinder Sex haben

Sie sagt: Ich kann mich nicht daran erinnern, dass ich in meiner Sturm-und-Drang-Zeit jemals Sex im Hause der Eltern meines Freundes gehabt hätte, genauso wenig wie in meinen eigenen vier Wänden, denn dort war ja bekanntlich wenig Platz. Wand an Wand mit den Alten sozusagen. Dass ich dem

> **Klar war ich sexuell aktiv, aber nie so, dass Eltern etwas davon mitbekamen.**

Schnarchen aus ihrem Elternschlafzimmer gelauscht hätte, während ich mich bemühte, meine eigenen Geräusche möglichst zu unterdrücken. Dass ich morgens mit langen Duscharien zu zweit das einzige Badezimmer blockiert hätte, in einer geliehenen Boxershorts am Küchentisch saß, während die genervte Hausfrau das Mittagessen zubereitete. Interessant übrigens, dass man mit 16, 17, 18 überhaupt nicht auf die Idee kommt, dass Geräusche aus Erwachsenenbetten etwas anderes sein könnten als seniles Schnarchen. Klar war ich sexuell aktiv, aber nie so, dass Eltern, weder meine noch die meiner Freunde, etwas davon mitbekamen. Mein frühes Sexleben spielte sich überwiegend auf dunklen Park- oder Spielplatz-bänken oder im Keller auf den kalten Polstern der elterlichen Hängematte ab.

»Darf ich fragen, mit wie vielen jungen Männern du bis-her das Vergnügen hattest?«, fragte mich meine Mutter in dieser Zeit einmal ängstlich und ich sagte: »Drei«, was stark untertrieben war. Nicht für meine Mutter, die in ihrem ganzen Leben nur einen einzigen Mann, meinen Vater, nackt gesehen hat. »Drei?«, rief sie entsetzt. »Du weißt schon, dass Männer keine ausgetretenen Fußmatten mögen.« »Und Frauen keine abgelutschten Lollies«, erwiderte ich trotzig. Wir haben nie wieder über Sex geredet.

Aber so ist das Leben – eben noch ist man 17 und kaut am ersten Liebeskummer, raucht wie ein Schlot und betäubt sich mit Cola Rum, schon ist man Mutter einer Tochter, die fragt: »Mami, kannst du mich bitte mal bei deinem Frauenarzt an-melden?« Kurz darauf wäscht man die Jeans seines 14-jähri-gen Sohnes und fischt zerdrückte Kondome aus der Waschma-schine. Und egal, wie früh oder wie heftig man einmal selbst aktiv war, für die eigenen Kinder gilt das nicht. Im Gegenteil. Während Väter ihren Söhnen augenzwinkernd Kondome in die Tasche stecken, noch vor 100 Jahren sind sie ja sogar mit ihnen gemeinsam in ein Bordell gegangen, gilt für die Töchter das moralische Gegenteil. Gerade diejenigen Väter, die früher problemlos morgens mit Kathi, mittags mit Susanne, nachmit-tags mit Brigitte und abends mit Iris Sex hatten, gern auch un-verhütet, sind jetzt die bissigsten Wachhunde. Ihre Prinzessin soll unberührt in die Ehe gehen, am liebsten erst mit 35. »Es tut so weh, nicht mehr der wichtigste Mann in ihrem Leben zu sein«, seufzt ein Vater. »Ganz ehrlich? Ich könnte jedem Kerl, den sie anschleppt, an die Gurgel gehen. Der Gedanke, dass sie Sex hat, macht mich wahnsinnig.«

Meine Eltern wussten nicht, was ihre vier Töchter bei »sturm-frei« in ihrem Schlafzimmer so alles anstellten, ich dagegen

Es ist gewöhnungsbedürftig, wenn Kinder anfangen, Sex zu haben.

weiß es. Weil ich mich entweder über die fleckige Bettwäsche ärgerte, dann hatte mein Sohn Besuch, oder mich darüber wunderte, dass mein Bett frisch bezogen ist, dann war es meine Tochter. Während junge Männer postkoital nicht an saubere Bettwäsche denken, präkoital übrigens auch nicht, aber das ist ein anderes Kapitel, achten junge Mädchen darauf, den Elternstress möglichst klein zu halten, sie sind einfach schlauer als ihre Brüder. Zumindest diplomatischer.

Ja, es ist gewöhnungsbedürftig, wenn Kinder anfangen, Sex zu haben. Das Problem, es sei denn, man hat seinen Nach-wuchs als Teenager bekommen, ist oft ein biologisches: Wäh-rend unsere Kinder von Hormonen geradezu überschwemmt werden, trocknen wir, ihre Erzeuger, langsam aus. Teenager sind knackige Äpfel, bei denen der Saft nur so herausspritzt, wenn man sie anbeißt, wir dagegen, Ausnahmen bestätigen die Regel, sind die Dörrpflaumen. Und so mischt sich Irrita-tion mit verschämtem Neidgefühl. Ja, da war mal was! Und jetzt ist es woanders.

Natürlich gibt es auch Eltern, denen es lieber ist, wenn ihre Kinder unter Aufsicht Sex haben. Wenn es auf einmal ruhig wird im Jugendzimmer und sie denken: »Ah ja, jetzt fröschelt mein Schatz gerade. Dann warte ich noch ein halbes Stündchen, bis ich mit einer warmen Schokolade an seine Tür klopfe.« Aber die meisten würden das Wort mit den drei Buchstaben am liebsten verbieten und sagen: »Es stört mich, wenn ich in Ruhe den Tatort sehen will und nicht weiß, ob die lauten Stöhngeräusche aus dem Fernseher oder deinem Zimmer kommen«, oder: »Warum kannst du nicht genauso in dunklen Häuserecken knutschen wie ich früher, warum läuft mir nachts um drei Uhr ein nackter Jüngling über den Weg, wenn ich pinkeln will?«

Geht leider nicht. Man will ja lässig sein, jung im Herzen, außerdem: Noch schlimmer als ein Kind mit Sex ist eins ganz ohne. Eines, das mit 17, 18 samstagabends am liebsten mit seinen Eltern Doppelkopf spielt, während andere Mütter jeden Morgen massenweise zerknüllte, halbfeuchte Tempotaschentücher unter den Betten ihrer Söhne hervorfischen und ihre Töchter überlegen, ob Pille, Spirale oder nur Kondome. Beunruhigt fragen sich die Eltern: Ist hormonell oder gendermäßig etwas nicht in Ordnung? Besonders Väter sind oft panisch, wenn ihr heranwachsender Sohn noch »kein richtiger Kerl« ist, sondern gern rosa Pullover trägt und mit seiner besten Freundin ins Theater, aber nicht ins Bett geht. SCHWUL? Natürlich ist das kein Problem, üüüüberhaupt keins, ich kenne nur keinen Vater, der nicht insgeheim erleichtert ist, wenn er zufällig eine App mit Heteroporn auf dem Handy seines Sohnes entdeckt oder morgens ein junges Mädchen im

Bad steht, das nicht seine Tochter ist. »Du bist die Neue? Die neue Flamme meines Sohnes? Ihr hattet Sex? Und – wie war er so? Freut mich sehr, dich kennenzulernen.«

Wenn die Sexualität erwacht und ausgelebt werden möchte, wohnen die meisten Menschen noch bei ihren Eltern. Die wenigsten von ihnen in einer Villa mit Gästeflügel oder Einliegerwohnung. Die meisten in überschaubaren Wohnungen mit einem gemeinsamen Badezimmer. Es gilt also, die Zeit bis zur ersten, eigenen Wohnung sozial verträglich zu überbrücken. Wie sich Mütter in dieser Zeit optimal verhalten, weiß ich – am besten unsichtbar unter Hinterlassung eines vollen Kühlschranks und eines nicht zu kleinen Euroscheins auf dem Küchentisch. Geht nur nicht immer, schließlich ist es die eigene Wohnung, in der sich das jugendliche Liebesleben abspielt.

»Es ist gewöhnungsbedürftig, am frühen Nachmittag den halbnackten Freund meiner Tochter an meiner Saftmaschine

Es gilt also, die Zeit bis zur ersten, eigenen Wohnung sozial verträglich zu überbrücken.

vorzufinden«, sagt eine Freundin. »Und seine Frage, ob keine Orangen mehr da seien, er trinke nämlich seinen Saft am liebsten frisch gepresst, finde ich schon ein bisschen frech.«

Ja, die Zeiten haben sich geändert. Die Jugend ist total entspannt, was Wand-an-Wand-Sex mit ihren Eltern angeht.

Die sie meist freundlich ignorieren. Besonders junge Männer schlurfen wortlos an ihren »Schwiegereltern« vorbei Richtung Jugendzimmer, auf die Idee, kurz anzuhalten, sich vorzustellen: »Guten Abend, ich bin der Lukas, ich würde jetzt gern mit Ihrer Tochter kuscheln, wenn Sie nichts dagegen haben«, kommt keiner. »Fabian redet eben nicht gern mit Erwachsenen«, erklärte meine damals 15-jährige Tochter ihren ersten Freund, den ich eigentlich nur mit ihr verbrezelt, ansonsten stumm erlebte. »Nehmt es nicht persönlich.« Kleiner Tipp: sich kurz aufs Sofa setzen, von der Schule oder dem Sportverein plaudern, ein paar Komplimente an die Hausfrau: »Schön haben Sie es hier«, vielleicht sogar ein Blumenstrauß – und noch Jahre nach der Trennung werden die Eltern sagen: »Der Lukas/Fabian, das war aber ein Netter, den hättest du behalten sollen.«

Eltern sind liebebedürftige Wesen und freuen sich wie Bolle, wenn wenigstens der Partner ihres »Mann, seid ihr alle nervig, lasst mich doch einfach in Ruhe«-Teeniemonsters freundlich zu ihnen ist. Mädchen können das im Allgemeinen besser. Zumindest heucheln sie geschickter. Sie adoptieren einfach vorübergehend die neue Familie, kochen mit Mami, spielen Karten mit Papi, babysitten jüngere Geschwister, gehen Gassi mit dem Familienhund. Sie achten auch darauf, dass es später in der Horizontalen nicht zu laut wird. Im schlimmsten Fall mit einem aufs Gesicht gestopften Kissen.

Denn das gilt allgemein und absolut für jede Art von Sexgeräuschen – Eltern wollen sie nicht von ihren Kindern und Kinder nicht von ihren Eltern hören. Nie. Unter keinen Umständen. Man weiß, was sich abspielt, aber bitte, bitte keine

Tonspur dazu! Zumal leider die Geräusche, die man beim Sex macht, offensichtlich auch älter werden. Eine Freundin brach

Mädchen können das im Allgemeinen besser. Zumindest heucheln sie geschickter.

die spontane Nachmittagssiesta mit ihrem Ehemann jedenfalls entnervt ab, weil der überraschend mit seiner Freundin aufgetauchte Sohn im Nebenzimmer dasselbe vorhatte. »Und seine Sexgeräusche klangen so wild und jung, dass uns unsere richtig ältlich vorkamen«, seufzte sie. »Also haben wir aufgehört und ferngesehen.«

Vielleicht sollte man einfach das Jugendzimmer verlegen. Oder die Wand dazwischen schalldicht machen. Oder eine gute Flasche Rotwein entkorken. Und danach seine eigenen Sexgeräusche wieder auffrischen.

Das Experten-Interview: Die Reifeprüfung

Paula Lambert ist Deutschlands bekannteste Sexkolumnistin. Was ändert sich, wenn die eigenen Kinder beginnen, Sex zu haben?

Wenn die eigenen Kinder beginnen, Sex zu haben, stresst das Eltern, warum?
Weil man als Eltern merkt, dass man letztlich nicht mehr gebraucht wird. Das Kind ist ja im biologischen Sinn fertig und könnte in die Welt ziehen. Aber da ist natürlich noch eine an-

dere Seite, und zwar wieder keine angenehme. Man versteht als Elternteil natürlich auch, dass die Kinder in dieser Zeit unheimlich leicht verletzt werden können. Gerade für Eltern von Mädchen ist das daher so eine harte Zeit. Wenn das Verhältnis zu den Töchtern dann mies ist, dreht man als Elternteil am Rad. Weil man Angst um das Kind hat.

Wissen Kinder im Jahr 2016 schon genug über Sex?
Vielleicht über den körperlichen Teil, den lernen sie ja in der Schule. Aber was Sex mit der Seele macht, wissen die Kinder oder Teenager nicht. Ich denke seit Jahren daran, in Schulen Aufklärungsunterricht zu geben, der sich nur auf die psychischen Teile von Sex bezieht, aber ich komme damit nicht ganz aus dem Quark. Wichtig wäre es in jedem Fall.

Was wäre die Botschaft dieses Sexunterrichts?
Höre immer sofort auf, sobald du anfängst, dich blöd zu fühlen. Das ist doch eines der Dramen beim Sex, dass man »mitmacht«, dass man »gut sein« will, um letztlich geliebt zu werden. In dieser Annahme stecken so viele Fehler, dass es schon lachhaft ist.

Sind Sie bei Ihren eigenen Kindern eine gute Aufklärerin?
Keine Ahnung. Eher ja als nein. Ich hatte gerade einen Werbefilmdreh für einen Kondomhersteller, ich hatte keinen Babysitter und da habe ich meine Jungs dann mitgenommen. Mein jüngster Sohn, er ist acht, wollte dann wissen, ob er so ein Kondom auspacken darf. Ich hätte es komisch gefunden, da nein zu sagen.

Und wie fand Ihr Sohn das Kondom?
Für ihn zu groß fand er es, ich habe darauf, glaube ich, gesagt, dass es ihm später schon passen wird.

Ändert es den Sex der Eltern, wenn die Kinder anfangen, auch Sex zu haben?
Ja, aber ich glaube, das beginnt für die Eltern schon viel vorher. Viele Mütter glauben, dass nach der Geburt der Körper jetzt ganz dem Kind gehört und dass ein intensives Sexleben in die Zeit vor der Geburt gehört. Das ist natürlich Quatsch. Frauen bringen sich dadurch, wenn ich das mal so platt sagen darf, um einen Teil des Lebens, der ja wahnsinniges Glück schenken kann. Und das liegt an einem verkorksten Bild von Sex.

Im Sinne von: Sex haben junge Leute nach der Disco?
Ja, oder Sex ist lediglich Teil der Werbung um den Partner.

Dabei ist Sex…?
…Freude.

8

Kuschelecke trifft Flachbild-TV – Wenn Paare zusammenziehen

Er sagt: Sie schließt die Tür auf und ruft: »Tataaa! Das is' sie.« Die Tür zur Wohnung meiner Freundin mit einem »Tataaa!« zu öffnen ist wirklich akustischer Etikettenschwindel. Und bereitet einen in keiner Form darauf vor, was auf einen wartet. Eigentlich müsste eine immer tiefer werdende Vierton-Abfolge erklingen, die in einem flatternden Pupsgeräusch endet, wenn man die Tür aufmacht. »Wie findest du sie?« Meine Freundin und ich sind seit zwei Wochen zusammen. Und wir haben uns bisher ausschließlich bei mir in Hamburg getrof-

> **Für die Phase der Beziehung, in der man sich uneingeschränkt die Wahrheit sagt, ist immer noch Zeit.**

fen. Jetzt stehe ich neben ihr in Berlin-Kreuzberg: in einem Haus, in dessen Erdgeschoss eine Kneipe liegt, die den komplett auf Geheimniskrämerei verzichtenden Namen »Ficken 3000« trägt. Das ist bestimmt super, wenn man hier wohnt und Verwandten den Weg erklärt: »Direkt überm Ficken 3000, zweiter Stock. Aber bitte nicht auf den Ficken-3000-Parkplatz stellen, der ist nur für Ficken-3000-Stammgäste.« Ich blicke in einen kleinen, dunklen Wohnungsflur. Meine Freundin wohnt, das kann man bereits jetzt sagen, in einer Art verlottertem U-Boot. »Das ist doch mal… eine richtige, kleine Schatzkiste von Wohnung«, sage ich. Für die Phase der Beziehung, in der man sich uneingeschränkt die Wahrheit sagt, ist ja immer noch Zeit.

Ich habe in einem Interview mit der damaligen Chefin der Einrichtungszeitschrift *Architectual Digest* gelesen, dass wir unsere Wohnungen nicht so einrichten, dass sie zu uns passen. Sondern so, dass sie zu dem Menschen passt, der wir gerne wären. Wenn das stimmt, wäre meine Freundin gern eine Mischung aus Seeräuber-Praktikantin und Schrottplatz-Besitzerin, der es wichtig ist, vom Bett aus immer die Skistöcke und ein kaputtes Waffeleisen greifen zu können. Und sie besitzt eine Menge Dinge aus dem Themenfeld »American Diner«. Gleich im Flur steht eine hüfthohe Keramikstatue, in Form einer breit grinsenden, schwarzen Kellnerin mit rot-weißer Schürze. »Das ist die Püppi«, sagt meine Freundin. Die Püppi sieht so derbe nach 80er-Jahre-Bistro aus, dass man sofort ein Croque Madame und einen KiBa bestellen will.

Die Wohnung ist das exakte Gegenteil von meiner. In der es quasi nur weiße Möbel gibt, Lilien in hohen Glasvasen, ein sandfarbenes Designersofa, das auf einem weiß gebeizten Parkettfußboden steht, umgeben von Duftkerzen. Wenn die Chefin der Einrichtungszeitschrift recht hat, fantasiere ich offensichtlich von einem Leben als Einrichtungsgott. »Ich hätte jetzt gesagt, von einem Leben als Toy Boy von Wolfgang Joop, aber du weißt das sicher besser«, sagt meine Freundin.

Ein Jahr pendeln wir zwischen Hamburg und Berlin. Zwischen Design-Paradies und Rumpel-U-Boot. Bis wir uns entschließen, in eine gemeinsame Wohnung in Berlin zu ziehen – und sie allein von mir einrichten zu lassen, weil ich einfach den geileren Geschmack habe. Boah, wäre das toll, wenn dieser Satz wirklich so enden könnte. Aber er endet natürlich so: … in eine gemeinsame Wohnung in Berlin zu ziehen – die wir ZUSAMMEN EINRICHTEN.

Frauen, auch solche mit einem Fluch-der-Karibik-Stil wie meine Freundin, haben die Fantasie, den Partner subtil umzuerziehen, wenn es um die Einrichtung geht. Auch, wenn mein Geschmack offensichtlich der viel bessere ist. Gleichzeitig hoffen Männer, auch wenn sie das so nicht direkt zugeben würden, Elemente ihrer Junggesellenspaß-Einrichtung in die

Wie die meisten Männer liebe ich die Action-Aura, die ein geparktes Rennrad im Wohnungsflur verbreitet.

gemeinsame Wohnung mit hinüberzuretten. Das Umerziehungsprojekt meiner Freundin firmiert unter dem Motto »Raus mit dem Junggesellen-Schrott«. Das sind in meinem Fall: unbenutzte Sportgeräte, die ich in meiner alten Wohnung um meine weißen Möbel herumdekoriert hatte. Wie die meisten Männer liebe ich die Action-Aura, die ein geparktes Rennrad im Wohnungsflur verbreitet, ich habe sogar ein Surfbrett im Schlafzimmer stehen, was halb Deko-Element, halb sexy Versprechen auf einen kalifornischen Körper sein soll. »Aber du surfst doch gar nicht«, sagt meine

Freundin. »Es geht dabei eher um einen Way of Life«, sage ich. »Du kommst nicht aus Kalifornien, sondern aus Bielefeld«, sagt meine Freundin. »Wir sind die Kalifornier Westfalens.« Ein starker Schlusssatz, für den ich mir heimlich gratuliere. Aber ich kann den Mund nicht halten. »Wenn das Surfbrett weg muss, muss auch die Püppi weg.« – »Warum das denn?« – »Weil sie aussieht, wie vom Grabbeltisch von Strauss Innovation oder von Butlers, einem dieser Einrichtungsgeschäfte für Zahnarzthelferinnen, die ›Home, sweet home‹-Fußabtreter gut finden und Strasshandyhüllen.« – »Ich hatte früher auch so eine Fußmatte! Du bist so ein Snob!« – »Und du wohnst über einer Kneipe mit peinlichem Namen! Ficken 3000!«

Die Lösung für Paare wie uns heißt natürlich IKEA. Weiße und holzfarbene Möbel und im Bad gestapelte Frotteehandtücher. So wie man Pasta Pesto macht, wenn man nicht weiß, was man kochen soll. IKEA ist der bocklose Mittelweg für Charakterschwache – drei Wochen später fahren wir die Rolltreppe eines Berliner IKEAs hinauf. Wie alle anderen Paare fassen wir uns intuitiv an den Händen, denn man weiß: Wenn man hier versagt, wo geht das dann mit einem hin als Paar, außer Rolltreppe abwärts? Wir stümpern uns von Abteilung zu Abteilung, meine Freundin findet einen Bambus-Raumtrenner chic, der tatsächlich gut zu ihrem restlichen Mobiliar passt. »Den nehmen wir nicht«, sage ich. Wir flanieren durch die Wohnwelten, in der man sich sympathische Nachbarn vorstellt, die morgens komplizierte Kaffee-Variationen trinken und Holger und Kerstin heißen. Nix davon passt zu uns.

Weißes Doppelbett? Nö. Gelber Schrank? Nein. Silberner Bürostuhl? Nope.

Ich habe einen großen Respekt vor IKEA. Weil die offensichtlich wissen, wie viel Angst man als Paar hat, wenn man sich auf nichts einigen kann. Und zwischen einem selbst und der Freundin die gemeinsame Denkblase wächst, in der steht: »Vielleicht klappt es einfach nicht?« Und da die IKEA-Psychologen das wissen – haben sie die Kinderabteilung ans Ende des

**Man weiß: Wenn man hier versagt,
wo geht das dann mit einem hin als Paar,
außer Rolltreppe abwärts?**

Einkaufsparcours gesetzt: eine Welt der abgerundeten Ecken und Pastellfarben, alles ist gepolstert, weich, winzig. Meine Freundin und ich setzen uns an einen lindgrünen Tisch und gucken uns an wie Zwergen-Präsidenten, die die Verschrottung ihrer Atomwaffen verhandeln. »Nix aus Bambus, bitte, ich kann das nicht«, sage ich nölig, wobei es hier offensichtlich kein bisschen mehr um Möbel geht, sondern darum, wer in der neuen Wohnung mehr Platz bekommt und mehr von sich selbst austoben darf. »Okay, aber ich will keine Lichterketten und keine Duftkerzen und keine weißen Kissen. Das kann *ich* nicht.«

Ich bin sicher, die IKEA-Psychologen haben diesen Fall einkalkuliert, als sie ihr Kaufhaus gebaut haben. Denn meine Freundin und ich betreten jetzt den kleinteiligen Grabbelteil des IKEA-Ladens, die Trostpreisabteilung. Und kaufen folgende, extrem wichtige Dinge, ohne die man auf jeder einsamen Insel sofort verreckt: Ein Stampfgerät zum Herstellen von Kartoffelbrei. Einen Duschvorhang mit eingelassen Duschgeltaschen. Schachbrettmusterservietten. Ein Abtropfgitter, das bestimmt ein grauenvolles Geräusch beim Rumschieben auf der Spüle macht. Wir brauchen nichts davon, wollen aber mit einem vollen Einkaufswagen an der Kasse stehen, um uns nicht wie Loser zu fühlen. Ich fülle noch die Ecken des Wagens mit Teelichtern, die hier Teelichte heißen. Wahrscheinlich heißen die blauen Tüten auch nicht Tüten, sondern nur Tüt, um noch innovativer, verschrobener, skandinavischer rüberzukommen.

Und dann stehen wir mit unserem Kram in der Wohnung. Wir haben kein Bett, keinen Schrank, keinen Esstisch. Wir einigen uns darauf, dass ich das Bett meiner Hamburger Wohnung nach Berlin bringe, sie ihren Tisch aus der U-Boot-Wohnung. Wir schwurbeln uns einen Einrichtungsstil zusammen, der auf die Karte »möglichst wenig« setzt, wodurch die wenigen Sachen okay aussehen, solange sie allein stehen. Dazwischen gibt es Teelichter-Inseln wie in einem Softporno. All das – ist drei Jahre her. Und ich würde gern behaupten, dass sich viel geändert hat. Hat es. Aber anders,

Wir brauchen nichts davon, wollen aber
mit einem vollen Einkaufswagen an der Kasse
stehen, um uns nicht wie Loser zu fühlen.

als man denkt. Denn seit wir unseren Sohn haben, hat er das Thema Einrichtung ungefragt zu seinem gemacht. In der Küche steht ein permanent dort aufgebauter Einkaufsladen, wodurch die Küche für einen Erwachsenen wirkt, als halte man sich in einem Hobbit-Kaufhaus auf. Der Rest der Wohnung ist ein Aufmarschgebiet für die vereinten Streitkräfte aus Dinosauriern, Playmobil-Soldaten und einer Auswahl an Barbie-Puppen vom Flohmarkt, die, da sehr abgenutzt und schmutzig, auch im Ficken 3000 als Tresenkräfte Bilderbuchkarrieren hinlegen würden. Apropos hinlegen. Vor der Haustür liegt jetzt eine Fußmatte. Geschenk von meinem Freund Felix, der immer alles richtig macht. Darauf zu lesen: »Keep calm and carry on.«

Das Experten-Interview: Vermöbelt

Muss es krachen, wenn Frauen und Männer zusammenziehen? Und sich zwei Einrichtungsstile mischen? Daniela Kamps, Chefredakteurin des Einrichtungsmagazins COUCH, sagt: Das geht auch anders.

Gibt es einen männlichen Einrichtungsstil – und einen weiblichen?
Auch, wenn man nicht in Klischees verfallen soll, aber: Männer mögen seltsamerweise tatsächlich eher Ledersofas, okay in Braun, schlimm in Schwarz, und wenn man Pech hat, ganz schlimm in Rot. Und Stahlrohrmöbel – aber in den seltensten Fällen die schönen von USM Haller, sondern die richtig fiesen. Sie scheinen immer noch Techniktools in der Wohnung zu lieben und Möbel mit absurden, emotionalen Geschichten. Zum Beispiel Sachen, die sie sich vom ersten Gehalt gekauft haben, aber auch genau danach aussehen. Und es gibt etwas, was

ich einen Hang zum Infantilen nennen will. Das Sammeln von Trophäen, Jedischwertern und Spielzeugen. Rätselhaft.

Kurios. Das beschreibt bis aufs Sofa eine Menge meiner Möbel. Hat Ihr Freund auch solche Möbel mit in die gemeinsame Wohnung eingebracht?
Also… mein Freund sammelt Manga-Figuren. Und neben meiner Sammlung weißer Retro-Vasen steht als eine Art Kompromiss die Figur von »The Wonderful Man«. Sie können den ja mal googeln.

Schon geschehen. Oh. »The Wonderful Man« sieht aus wie ein Sadomaso-Nussknacker aus schwarzem und weißem Plastik. Ich glaube, hier muss das Wort »gewöhnungsbedürftig« fallen. Und gibt es einen typisch weiblichen Stil?
Frauen haben einen Hang zu mehr Romantik und kaufen daher vielleicht eher skandinavische Möbel, greifen zu Pastellfarben, mischen ein Flohmarktmöbel dazu, sie haben einen Hang zum Dekorativen. Jungs sind da eher etwas… platter unterwegs. Aber das ist letztlich arg schwarz/weiß. Zehn Prozent unserer Leser sind Männer, es gibt also da draußen viele Kerle, die sich für modernes Interieur interessieren.

Wie mischt man denn zwei Einrichtungsstile, wenn Mann und Frau zusammenziehen?
Im Optimalfall beziehen beide zusammen eine neue Wohnung. Machen Sie als Erstes eine Bestandsaufnahme. Welche Möbelstücke sind essentiell, welche eher unwichtig? Und welche Dinge aus meiner Wohnung könnten zu was aus dei-

ner Wohnung passen. Das kann zu einem spannenden Mix führen.

Oder zur Katastrophe. Was ist nicht integrierbar?
Also ich habe die Yucca-Palme meines Freundes getötet und entsorgt.

Ohne ihn zu fragen?
Ja, ich dachte erst, ich pflanze sie irgendwo hin, als Teil einer Guerilla-Gardening-Aktion, aber seien wir ehrlich: Palmen in Hamburg, eher nicht.

Wie fand er das?
So mittel, dafür verweigert er mir jetzt die Neuanschaffung von Farnen und Sukkulenten.

Einrichtung des Partners zerstören ist ein gutes Stichwort. Ich habe beim Zusammenziehen mit meiner Freundin die Möbelpacker gebeten, eine hüfthohe Statue, die eine schwarze Kellnerin aus einem American Diner darstellt, fallen zu lassen. Hat geklappt, Problem gelöst. Gute Idee?
Also langfristig ist das, glaube ich, keine gute Idee.

Meine Coautorin für dieses Buch hat neue Vorhänge, zwei neue Bäder, den Bezug eines Sofas und mehrerer Sessel in Auftrag gegeben, ohne ihren Mann zu informieren. Und ein neues Unterlagen-Ordnungssystem von einer Innenarchitektin entwerfen lassen, das auf türkisschimmernden Pappkartons basiert. Ist so was klug?

101

Ihre Coautorin und Sie haben sich irgendwie gefunden, scheint mir.

Gegen Evelyns Einrichtungsnummer war Ihre Yucca-Palmen-Aktion auf jeden Fall zahm. Das typische Paar kauft ja, zumindest einen Teil seiner Einrichtung, bei IKEA.
Was raten Sie Paaren, damit dieser Einkauf gelingt?
Also erst mal ist der IKEA-Parcours wahnsinnig gemein, denn man wird ja auf dem Weg zu den Möbeln, die man eigentlich kaufen will, mit so vielen Wohnbeispielen konfrontiert, dass man danach eher verwirrter als schlauer ist. Also, ich habe meinem Freund gleich vorher versprochen, dass es Köttbullar für ihn gibt, wenn er zu Hause vorab alles brav ausmisst. Dann rate ich, ein sehr großes Auto mitzunehmen, damit man sich nicht beim Einladen zanken muss. Noch ein Tipp, die SB-Halle, soweit es geht, zu meiden, sonst kauft man doch wieder nur Kerzen oder Servietten. Man kann darüber Witze machen, aber das Thema ist und bleibt schwierig. Schließlich geben beide beim Zusammenziehen ein Stück Individualität an der Haustür ab. Wohnungen sind eben nicht nur Wohnungen.

Sondern?
Wohnungen sind Erweiterungen unseres Selbst.

9

Oh nein – Das Problem
mit dem Ja-Wort

Sie sagt: Es gibt eine Sache, bei der die meisten Frauen, egal wie energisch sie sich in der Männerwelt durchgeboxt haben, egal ob sie Maschinenschlosserin, Astronautin oder Kanzlerin sind, ganz weiches Weibchen sein wollen. Und das ist der Moment, in dem ihr Partner vor ihr auf die Knie sinkt und ihr einen Heiratsantrag macht. Dieser eine Moment muss in seiner ganzen Unemanzipiertheit unverändert bleiben. Aktiv, passiv. Der Mann fragt, die Frau antwortet. Er darf so superkitschig sein, dass wir uns ein Leben lang an ihn erinnern und noch im Altersheim den Pfleger damit langweilen. Wie man das als Mann hinkriegt, kann man bei YouTube unter »Der schönste Heiratsantrag der Welt« bewundern. Eine junge Frau sitzt im Auto. Bruno Mars singt »Marry Me« – aus allen Ecken tauchen Freunde und Familien auf und tanzen dazu. Ganz zum Schluss kommt der Bräutigam, geht vor der jungen, auf-

Der Mann fragt, die Frau antwortet.

geregten Frau in die Knie und sagt: »Du hast mir bis jetzt so viel Glück geschenkt, darf ich es dir bis zum Ende unseres

Lebens zurückschenken?« Viele Frauen seufzen beim An-
schauen vor Glück, andere dagegen fallen ins Kitschkoma.
Letztlich gibt es sechs verschiedene Frauentypen, die sich im
Magic Moment herauskristallisieren.

1. Die Hochzeitsbesessene (Donna nuptiae penetranta)
Schon als kleines Mädchen hat sie von ihrer Hochzeit ge-
träumt und Braut und Bräutigam gespielt, später alle Braut-
magazine abonniert, verträumt in die Schaufenster der
Brautläden geschaut und auch in Singlephasen regelmäßig
Brautkleider anprobiert. In ihrer Freizeit schaut sie am liebsten alte »Traumhochzeit«-Sendungen mit Linda de Mol. Während andere Mädchen davon träumen, Schauspielerin oder
Gehirnchirurgin zu werden, will sie nur eins: Ganz in Weiß
zum Traualtar schreiten und anschließend als strahlender
Mittelpunkt auf ihrer Traumhochzeit tanzen. Alles muss deshalb perfekt sein. Ganz besonders der Heiratsantrag.

Sie erwartet eine Traumlocation, den teuersten Champagner,
Kerzenmeer, Streichmusik, das ganze Programm. Und natürlich einen Diamantring im Gegenwert einer Eigentumswoh-
nung, mit dem sie angeben kann. Ihre Antwort auf seine Frage
»Willst du meine Frau werden?« lautet: »Na endlich! Wird
auch langsam Zeit!«

2. Die Kitschjule (Donna duftkerzata)
Ihre Lieblingsfarbe als Baby war Rosa, und dabei ist es geblie-
ben. Die Donna duftkerzata liebt alles, was pink, schäfchen-
weich und kleinmädchenhaft ist. In der Liebe gibt sie alles
und oft mehr als gefragt ist, weswegen bei anfangs interessier-

ten Männern schnell eine gewisse Überforderung einsetzt und sie verduften. Dann tröstet sich die Donna duftkerzata mit ihrer Katze und einer Kuschelrock-CD in einer Wohnung voller Duftkerzen und bunter Kissen. Auch sie träumt seit ihrer Kindheit von dem einen, dem magischen Moment – wenn der Prinz von seinem Schimmel steigt, vor ihr in die Knie geht und säuselt: »Mein über alles geliebter Schatz, willst du meine Frau werden?«. Am liebsten würde sie antworten: »Ich hab dich akustisch nicht verstanden, kannst du die Frage nochmal wiederholen?«, aber das verkneift sie sich. Der Rest, die Hochzeitsfeier, ist auch wichtig, aber am allerwichtigsten ist ihr der neue Status. Wenn ihr Zukünftiger nicht gerade Guido Fettwurst heißt, wird sie ihren Mädchennamen sofort über Bord schmeißen und sich nur noch Schmilinsky-Schnarrenberger nennen. Damit auch jeder weiß: Ich bin jetzt eine Ehefrau!

3. Die Superpraktische (Donna nullbrimboriosa)

Sie hat ihr Leben voll im Griff. Ihren straffen Körper, den sie mit einer frühmorgendlichen Joggingrunde und dreimal die Woche Fitness in Form hält. Ihre Ernährung, die so gesund, nach- und körnerhaltig ist, dass selbst der graugesichtige Reformhausverkäufer in Ehrfurcht erstarrt. Ihre Wohnung, wo sie ihren Krempel in farblich abgestimmten IKEA-Boxen verstaut. Und natürlich ihren Partner, in den sie zwar nicht rasend verliebt ist, der aber ein guter Ernährer und zukünftiger Papi zu sein verspricht. Gleich beim ersten Date hat die Donna nullbrimboriosa verkündet: »Wenn du keine Kinder willst, gehe ich nach dem ersten Bier nach Hause.« Nach maximal einem halben Jahr Sex setzt sie die Pille ab, damit es nach dem Heiratsantrag gleich losgehen kann. Den sie, damit die Sache nicht zu lange dauert, mit einem energischen »Also wenn du mich fragst, ich würde nicht Nein sagen« anschiebt. Wenn sie es geschafft hat, ist sie neun Monate später zwillingsschwanger.

4. Die Multimediale (Donna nuptiae twittera)

Sie lebt online. Ihr Leben findet im Netz statt. Sie postet alles. Ganz besonders ihr Liebesleben. Ihre 5674 Freunde und Follower kennen die Zahl ihrer Liebhaber (37), deren erotische Qualitäten auf einer Skala von 1 (lausig) bis 15 (besser geht nicht!), ihr verheultes Liebeskummergesicht, ihre High Heels, die sie auf Beutezügen trägt. Und natürlich jede Menge Fotos von dem Mann, den sie im Netz mit »Er ist es! Ich warte! Auf einen Antrag!« vorstellt. Ihre Follower machen Vorschläge. Jede Menge Sex. Vor einem Juwelier stehen bleiben. Vom Antrag einer Freundin erzählen: »Kanufahrt im Mondschein, und dann holt er den Ring raus!« Dabei tief seufzen. Die Donna nuptiae twittera zeigt diese Vorschläge ihrem Zukünftigen und postet seine Reaktion. Und damit der magische Moment auch social-media-mäßig gut rüberkommt, führt sie im Vorfeld Regie. Sorgt für ein romantisches Plätzchen, die richtige Beleuchtung, das perfekte Make-up. Drückt bei »Willst …« bereits auf alle Knöpfe, damit der Antrag sofort im Netz und auf allen iPhones anzusehen ist.

5. Die Tiefenentspannte (Femina relaxa)

Sie ist verliebt, alles andere ist ihr egal. Ihre Eltern sind geschieden, die Mehrheit ihrer Freunde auch, deshalb glaubt sie nicht mehr an die ewige Liebe und somit noch weniger an die Ehe. Als wenn eine schwere Eisentür ins Schloss fällt, so beschreibt sie ihre Vorstellung von Hochzeit. Doch sie ist nicht dogmatisch, nur nicht so romantisch wie der Mann, den sie liebt. Deswegen bleibt sie gefasst, als am letzten Tag ihres Capri-Urlaubs der große Moment kommt und er in der Blauen Grotte den Ring zückt. »Wie süß«, denkt die Femina relaxa und hilft ihm wieder auf die Beine. Natürlich sagt sie Ja, wenn es ihm doch so wichtig ist. Aber die Hochzeitsvorbereitungen überlässt sie ihrer Mutter.

6. Das Mannweib (Donna kerliga)

Sie mag Männer, aber über ihr Leben bestimmt sie selbst. Sie kann alles, was ein Mann kann, bzw. was Männer einmal konnten, bevor Gleichberechtigung sie weich machte. Reifen wechseln, Bilder an die Wand dübeln, zum Sex überreden, auch wenn gerade die letzten Minuten des Champions-League-Finales laufen. Die Donna kerliga wartet nicht, sie handelt. Sie kocht sein Lieblingsessen, Rinderroulade bürgerlich mit Kartoffelstampf, dazu ein eiskaltes Bier, und während er kaut, räuspert sie sich, ein bisschen aufgeregt ist sie schon. »Schatz, also … ich finde, wir sollten heiraten. Was meinst du?« Der Mann, der zu dieser Donna kerliga passt, wird von seinem Teller aufblicken, lächeln und mit vollem Mund »Okay« sagen. »Noch ein wenig Stampf?«, wird sie zurücklächeln. »Einen Termin hab ich übrigens auch schon.« Und dann gucken sie zusammen einen »Tatort«. Oder haben vorehelichen, heißen Sex. Bei dem sie natürlich oben liegt.

Dementsprechend gibt es sechs verschiedene Männertypen, was die Frage aller Fragen angeht.

1. Der Oreo-Keks (Homo camoflago)

Das Leben in der Vierer-WG war wild, und er liebt es, mit seinen damaligen Ausschweifungen zu prahlen. Er hat »gebumst wie ein Frettchen auf Kokain«, hatte unheimlich viele Freundinnen, in seinem Schrank stapeln sich noch immer die Band-T-Shirts, die er jetzt zur Gartenarbeit anzieht. Er ist ein konservativer Knochen, ummantelt von feinjustierter Lasterhaftigkeit. Seine Persönlichkeit ist so verwirrend wie ein Oreo-Cookie, außen wilder Keks, innen cremig und ein bisschen schmierig. Der Homo camoflago verrät das keinem, aber Karl-Theodor zu Guttenberg war genau sein Fall, ein Hallodri im Tweedsakko, ein bisschen Anti-Establishment, aber mit einem Hochdruckreiniger für die Gehwegplatten vor der Garage. Die Ehe ist für ihn das Signal, jetzt »endlich vernünftig zu werden«. Da die Ehe unvermeidlich den finalen Spurwechsel in die Welt der bürgerlichen Mitte ankündigt, macht er seinen Hochzeitsantrag in einem Sterne-Restaurant, hat einen Anzug an, geht sogar auf die Knie. Das ist so perfekt, er würde sich am liebsten selbst heiraten. Er freut sich jetzt schon darauf, wie seine zukünftige Frau ihren Freundinnen vom Antrag erzählt und alle neidisch sagen: »So einen tollen Mann, müsste man haben.«

2. Der Feigling (Homo buxevoll)

Er hat das mit allen seinen Freunden besprochen. Soll er ihr jetzt einen Antrag machen, oder nicht? Ist doch voll konservativ, aber auch voll romantisch. Es gibt ja immer ein Für und ein Wider. Seine Freunde, die schon wissen, dass der Homo buxevoll ein sich stetig bewegendes Pendel ist, antworten mittlerweile nur noch mit »Das musst du selbst wissen«, oder »Das frag doch deinen Therapeuten«. Vor lauter Angst, das Falsche zu machen, oh shit, oder vielleicht sogar von seiner Freundin ein Nein statt eines Jas zu bekommen, hält er die Vorbereitung auf seinen Antrag nur scheinbar geheim. Und gibt über Wochen unendlich viele Hinweise, dass er mit der Ehe liebäugelt. »Was ist eigentlich deine Ringgröße?«, »Wollen wir mal ein Wochenende nach Venedig?«, »Dein Vorname und mein Nachname, die klingen ja zusammen ziemlich gut, oder?«, »Schon schräg, dass alle heiraten, nur wir nicht, oder?« Der König der Schisser bekommt in Venedig dann schließlich ein »Ja!«, ist total erleichtert und spricht von Italien aus gleich seinem Therapeuten aufs Band. »Ich hab's getan, wie toll ... Ich hoffe, das war richtig, falls Sie Zeit haben, komme ich nächste Woche noch mal für eine Sitzung vorbei, wäre das okay? (Pause, Pause) ... Oh Gott, was habe ich getan.«

3. Das Pupskissen (Homo lachsackus)

Ironie ist sein zweiter Vorname. Über alles Witze zu reißen, und alles mit einem Augenzwinkern zu kommentieren, ist nämlich eine super Strategie, sich nie festzulegen. Er macht beim Sprechen so oft mit Zeige- und Mittelfinger Anführungsstriche in die Luft, dass er davon in den nächsten Jahren bestimmt eine seltene Form von Arthrose bekommt. Seine Klamotten, sein Musikgeschmack, die Buttons an seiner Jeansjacke, die Möbel, der Bart, die Brille, die Tattoos, der Name seines Hundes, das BMX-Rad: alles ist Zitat, Späßchen, Zwinker-Zwinker, Großstadt-Gekicher. Daher kauft der Homo lachsackus einen Ring aus dem Kaugummi-Automaten (ist das nicht lustig?), trägt einen weißen Anzug (Sinatra, aber auch voll Türkenhochzeit, so vom Style her) und macht ihr einen Antrag in einer Spielothek (voll Unterschicht, aber auch irgendwie Tarantino). Seine Freundin ist von all dem genervt und berauscht. Sie sagt daher: »Oh no, ich meine Yes!« Drei Monate später heiraten sie in Las Vegas, er macht sich an dem Tag eine Elvis-Frisur, sie hat eine Sonnenbrille auf.

4. Der Traditionalist (Homo croquetto)

Es gab eigentlich im Leben nur zwei große Fragen: Mitglied werden im Schützenverein oder bei der freiwilligen Feuerwehr? Der Homo croquetto hat sich für beides entschieden, und für die Einliegerwohnung im Haus seiner Eltern, da wohnt er seit er 22 ist mit seiner Freundin, die Sabine, Sandra oder Stefanie heißt. Da die beiden sich seit der Realschule kennen, umweht sie bereits mit Anfang 20 die Aura der ewig Verheirateten. Sein permanent nach Leberwurstbrot und Apfelkorn riechender Schwiegervater, der die jungen Leute, vor allem die, die nicht beim Bund waren, für schwul, schlapp, unfähig und verantwortungslos hält, freut sich, dass er in seinem zukünftigen Schwiegersohn einen »einigermaßen annehmbaren Kerl« gefunden hat. Der Hochzeitsantrag findet im Schützenheim »1908 Borussia Kaltenkacksdorf« statt. Die zukünftigen Eheleute haben zu diesem Zeitpunkt bereits zwölf Bier und 18 Schnäpse drin und am nächsten Tag keine echten Erinnerungen mehr, das ging dann ja doch alles plötzlich sehr schnell. Sie freuen sich auf eine Hochzeit in einem umgebauten Landgasthof, zu der 500 Gäste kommen, es große Mengen Schweinebraten mit Kroketten gibt und vier Stunden Polonaise zu »Marmor, Stein und Eisen bricht«. Warum ein Programm ändern, das seit 100 Jahren so toll funktioniert?

5. Der Kreative (Homo alleskoennero)

Er hat viele der Möbel in der gemeinsamen Wohnung selbst entworfen und gebaut. Er kocht gern andalusisch, während er sich im Internet Komponenten für sein neues Rennrad zusammenbestellt. Er guckt Serien, die sein Umfeld erst zehn Jahre später entdeckt, er war schon überall, aber vor allem, vor allen anderen, bevor »die Touris« davon Wind bekamen: auf Gozo, in Moskau, beim Nottinghill Carneval. Wenn er etwas wirklich grauenvoll findet, sagt er, es sei »Mainstream« oder »total 90er«. Deshalb muss auch der Hochzeitsantrag richtig kreativ, er sagt »unique«, sein. Der Verlobungsring ist das erste und einzige Schmuckstück, das von Mies van der Rohe hergestellt wurde, und er bewahrt ihn in einer Holzkiste auf, die er aus alten Schiffsplanken geschnitzt hat. Die Frage, ob sie ihn heiraten will, stellt der Homo alleskoennero in einem Bed and Breakfast auf dem Obersalzberg, von dem er im *Guardian* gelesen hat, es gibt Champagner aus alten Beständen von Benito Mussolini (»geil« oder »so old school!«), er trägt handgemachte Schuhe aus einer – Vorsicht Lieblingswörter – »kleinen Manufaktur«. Er hat ein Gedicht geschrieben und ein kleines Musikstück komponiert, das Teil einer Oper ist, die Teil eines Musikzyklus werden könnte, wenn er nur die Zeit dafür fände. Auf dem Tisch stehen Gänseblümchen, die er selbst gezüchtet hat. Seinen Heiratsantrag hat er in die Oberfläche eines Eiswürfels kratzen lassen. Es gibt für sie einen komischen Moment, als sie kurz daran zweifelt, ob er all diesen Kram eigentlich für sie macht, oder weil er so viel Spaß am Avantgardesein und Basteln hat, aber dann sagt sie einfach trotzdem: »Ja, ich will.«

6. Der Berauschte (Homo endorphino)

Seit er sie das erste Mal gesehen hat, sind alle Exfreundinnen spannend wie die alten Weihnachtskekse von 2007. Der Homo endorphino ist nicht verliebt, das wäre viel zu wenig. Er ist auf Liebe. Er mag ihren linken großen Zeh, der etwas nach E.T. aussieht, ihre Haare, ihren Bauchnabel, das feine Gesprenkel in ihren Pupillen. Eternal flame? Ja! Love is all you need? Genau! Be my baby? Wenn nicht du, wer dann? Es ist nur konsequent, sich so schnell wie möglich gemeinsam tätowieren zu lassen und zusammenzuziehen. Wenn man nach zwei Monaten weiß, dass man die Richtige gefunden hat, ist das eben so. Er macht ihr einen Heiratsantrag beim Italiener, bei dem sie nach langen Nachmittagen in der Horizontalen jeder ein halbes Kilo Gnocchi mit Käsesoße essen, um wieder zu Kräften zu kommen. Ihre Verliebtheit ist so ansteckend, dass sogar die Kellner heulen. Sie bekommt einen Goldring, der zwar nicht passt, den sie aber an einer Kette um den Hals trägt. Sie sind im Rausch, er pustet Seifenblasen über den Tisch, alles, was vorher kitschig war, ist jetzt super. Sie brauchen niemanden und überlegen sich Kindernamen. Alles, was sie planen ist für immer. Ob für immer drei Jahre hält oder 30, das ist scheißegal, die Liebe überballert eh alles.

10

Im Gefühlsstau –
Männer und Frauen am Steuer

Sie sagt: Ich bin mit der Überzeugung aufgewachsen, dass Männer die besseren Autofahrer sind. Meine Mutter wäre nie auf die Idee gekommen, einen Führerschein zu machen, und so war es mein dabei stets behandschuhter Vater, der uns, Ehefrau und vier Töchter, Herrscher hinter einem Lenkrad mit Hülle (im Sommer Leder, im Winter Puschelfell) sonntags zu Ausflügen kutschierte oder zu meiner Patentante Olga Krumstroh in Scharnebek bei Lüneburg. Tante Olga hatte einen großen Bauernhof, wir aßen nachmittags Buttercremetorte und abends Bratkartoffeln mit Blutwurst. Gute, fetttriefende Kost also, nur leider kotzten wir magenempfindlichen Städter auf dem Rückweg das Auto voll. Meine genervte Mutter durfte alles wieder sauber wischen. Nachdem dies ein paar Mal passiert war, stand in Zukunft immer ein Eimer bereit. Ich hasste diese Ausflüge. Gedränge auf dem Rücksitz, alle Fenster zu, weil meine Mutter zugempfindlich war, deshalb dicke Luft, weil mein Vater, wie damals üblich, natürlich auch im Auto seine HB kettenrauchte.

Mein erstes Auto, ein VW Käfer, hellblau mit dunkelgrünen Kotflügeln, war deshalb wie ein Befreiungsschlag für mich. Ich hatte Platz! Konnte alle Fenster herunterkurbeln! Fahren, wie und wohin ich wollte! Ich liebte mein Auto, nannte es Willy, wir verbrachten viele schöne Stunden zusammen, bis

Mein erstes Auto war deshalb wie ein Befreiungsschlag für mich.

Willy im hohen, schrottreifen Alter von 27 Jahren in den Autohimmel fuhr. Junge Männer waren selten auf meinem Beifahrersitz, was einen Grund hatte, der noch immer gilt: Sie sind einfach sauschlechte Beifahrer. Sie haben alle das »Frau am Steuer – Ungeheuer!«-Gen, und ich muss ihnen leider oft recht geben. Das Abstandproblem zum Beispiel – Frauen haben es, Männer nicht. Also fahren Männer in einer schmalen, auf beiden Seiten zugeparkten Straße lässig an einem entgegenkommenden Auto vorbei, Frauen dagegen, ich bin da keine Ausnahme, bekommen schon beim Anblick dieses Autos eine Panikattacke. Ich bleibe dann einfach stehen wie ein verschrecktes Kaninchen und warte, bis der andere Verkehrsteilnehmer sich kopfschüttelnd an mir vorbeiquetscht. Ich senke beschämt meinen Kopf, denn der »Mein Gott, bist du dämlich«-Ausdruck in Männeraugen ist unübersehbar. Aber immer noch besser, als beim Vorbeifahren beide Seitenspiegel abzurasieren. Und etwas weniger peinlich, als wenn sich zwei Frauen in engen Gassen begegnen, da halten nämlich beide an und warten so lange, bis das Gehupe aus den Autoschlangen hinter ihnen nicht mehr zu ignorieren ist. Was dauern kann, weil in einer engen Straße rückwärtszufahren noch schlimmer ist. Das ist wiederum fast genauso schlimm wie eine klitzekleine Parklücke auf der linken Straßenseite – Herzstillstand für die meisten Autofahrerinnen. Uns fehlt einfach die räumliche Vorstellung, da, wo Männer komfortable zwei Meter Abstand sehen, ist es für uns maximal ein halber. Ein typisch weibliches Phänomen, das, auf unseren Körper bezogen, Dysmorphophobie (falsche Körperwahrnehmung) heißt. Wir schauen in den Spiegel und sehen eine Mängelliste. Männer sehen Brad Pitt.

Natürlich kenne ich trotzdem Frauen, die super Auto fahren. Meine Freundin J. fährt so rasant, dicht auf und trotzdem sicher, dass ich jedes Mal zwar schweißüberströmt, aber voller Bewunderung aus ihrem Twingo taumele. Auch meine

Eine klitzekleine Parklücke auf der linken Straßenseite – Herzstillstand für die meisten Autofahrerinnen.

Tochter hat diesen kerligen Fahrstil, der die meisten Männer abhängt. Das akzeptiert sogar mein Mann, der jedem Auto, das nicht schnell genug abbiegt, einparkt oder die Spur wechselt, ein empörtes »Das kann nur eine Frau sein« zuruft. Und leider stimmt es meistens. Nur in Ausnahmefällen ist es ein Mann, der dann aber mindestens 85 ist. Als Beifahrer ist mein Guter deshalb eine Katastrophe, der seine Ehefrau, die noch keinen einzigen Flensburgpunkt hat, nur hinters Steuer lässt, wenn er zu viel getrunken hat. Aber selbst mit zwei Promille im Blut gibt er noch den genervten Fahrlehrer: »Gib Gas! Schlaf nicht ein! Die Ampel schaffst du noch!«

Und genau aus diesem Grund bin ich beim Autofahren für strikte Geschlechtertrennung.

Er sagt: Männer verwandeln sich, sobald sie in Autos steigen. Eben noch waren wir der Typ, der bei der Arbeit den Bürokopierer kaputtgefummelt hat. Wir waren der begriffsstutzige Konferenzkollege, das Ende der Kantinenschlange, das wieder kein Kotelett bekommen hat. Jemand, den der Alltag vor sich her tritt wie eine leere Coladose. Jetzt aber – sitzen wir im Auto. Tür auf, Tür zu. Puh. Die Verwandlung kann beginnen.

Ich habe vor ein paar Jahren eine Studie gelesen, in der Männer nach dem Ort der Welt gefragt wurden, an dem sie sich am meisten zu Hause fühlen. Die Mehrheit antwortete mit drei Worten: in meinem Auto. Der Wagen ist für uns Männer das letzte Refugium. Denn es ist die rollende Version der Junggesellenwohnung, die wir vor Jahren aufgegeben haben und der wir immer noch heimlich hinterhertrauern. Das angeprollte Zweizimmer-Single-Apartment mit der schwarzen Ledercouch und dem zu großen Glastisch, mit der fetten Anlage, dem Angeber-Humidor aus Nussholzimitat, der ver-

> Der Wagen ist für uns Männer das letzte
> Refugium. Denn es ist die rollende Version
> der Junggesellenwohnung.

chromten Hantelbank. Wenn Männer in ihr Auto steigen, nehmen sie exakt in diesem Apartment wieder Platz. Auch wenn wir zu Hause sechs Kinder haben, wir sind jetzt für wenige Minuten: Single. Autohersteller wissen das – und designen ihre Autos entsprechend: Schwarzes Leder, Chrom, ein Aschenbecher, der groß genug ist, um darin ein kleines Pferd zu grillen, Getränkehalter. Ein Playboy-Mansion auf 1,5 Quadratmetern, ein Männerparadies. Die Realität hat an so einem Ort nichts zu suchen. Und wir verwandeln uns: in James Bond, Han Solo oder den Typen aus *Top Gun*. Wir sind keine Autofahrer – wir sind Piloten, die viele Knöpfe drücken dürfen und ein Zielerfassungsgerät für Protonentorpedos in Reichweite haben (auch wenn es auf den ersten Blick für den weiblichen Laien wie der kaputte Hebel für die Sitzheizung aussieht).

All das hat natürlich Folgen für den Fahrstil. Denn als Piloten haben wir nix zu verlieren, wir sind wieder im »Wer rem-

Wir verwandeln uns: in James Bond, Han Solo oder den Typen aus *Top Gun*.

pelt als Erster«-Modus aus unseren Dorfdiscotagen. Es klingt beknackt, ist aber tatsächlich einfach nur: fantastisch. Und wir fahren auch auf dem Weg zum Altglascontainer so, als würden wir eigentlich die letzten Meter Zielanflug zum Todesstern vor uns haben und eine Stimme in unserem Kopf sagt: »Luke, lass dich von deinen Gefühlen leiten!« Alle Männer hören diese Stimme, ich schwör's.

Ich komme mir gerade wirklich nackt vor nach diesem Bekenntnis. Egal. Frauen ist all das schwer verständlich zu machen. Kein Wunder, dass Frauen als Beifahrerinnen daher immer eine leise Enttäuschung sind. Wir hoffen tief drinnen so sehr, dass die Frau auf dem Beifahrersitz mal etwas sagt wie: »Das klingt jetzt vielleicht verrückt, aber ich liebe dieses Kampfpilotenhafte, wenn du auf den Aldi-Parkplatz einfährst. Wäre es dir recht, wenn ich kurz den Walkürenritt spiele?« Oder: »Verdammt, lass uns den Hauptreaktor in die Luft jagen und heimfliegen.« Oder wenigstens: »Darf ich dich während der Fahrt ›mein Geschwader-Kapitän‹ nennen?« Es sind eigentlich Kleinigkeiten, aber Frauen kommen eben nicht drauf. Stattdessen sagen Frauen auf dem Beifahrersitz: »Ich glaube, der Wiedehopfweg war hier links.« Das tut weh, fühlt sich an wie Nieselregen, macht einsam und wütend. Ich selbst kompensiere solche Momente pampig durch einen noch offensiveren Fahrstil, was bei meiner Freundin, dem alten Sensibelchen, auf wenig Gegenliebe trifft.

Aber natürlich kann nicht jedes Auto so ein Männer-Zufluchtsort sein. Schauen Sie sich die Gesichter von jungen Vätern an, die Familienkombis mit großer, seitlicher Schiebetür fahren. Autos, die einen nur von A nach B bringen sollen,

Ich war mal Top Gun, jetzt bin ich Busfahrer.

die Armaturen haben, die ergonomisch geformt sind wie Monchichi-Daumen. Das Junggesellenapartment hat sich in ein Kasperletheater mit türkis abgesetzten Zierleisten verwandelt, und ja, das tut weh. Das Innere dieser Autos entspricht der Kapitulation, die dieser Mann schon vor Jahren unterschrieben hat. Der Innenraum sieht aus wie eine mit Kekskrümeln gefüllte Regenjacke. Und hinter dem Steuer – sitzt man selbst. Mit einem Blick, der sagt: Ich war mal Top Gun, jetzt bin ich Busfahrer. Und dann setzt man kurz, obwohl die Sonne gar nicht scheint, die tropfenförmige Pilotensonnenbrille auf und hört sich so leise sagen, dass man nur selbst es hört: »Leader one, Leader one. Ready for take off.«

Das Experten-Interview: »Fahren wie 'ne Wurst«

Paul Möllenbeck, 65, ist der weltbeste Fahrlehrer in Bielefeld-Senne. In 35 Jahren hat er 3500 Fahrschülern beigebracht, wie man sich durch den ostwestfälischen Verkehr kämpft – einer von ihnen: York Pijahn. Ob die schlimmsten Fahrer Männer oder Frauen sind? Paul weiß alles.

Paule, fahren Frauen schlechter Auto als Männer?
Nee, denn die Frauen sind motivierter, die machen den Führerschein in kürzerer Zeit. Was stimmt, ist, dass die Frauen von sich selbst glauben, mies einzuparken. Ist aber nicht so. Männer sind beim Fahren viel schneller auf die Palme zu bringen. Wenn es hinter meinen Fahrschülern hupt, sach ich immer: »Wetten, dass das ein Mann ist?« Die Wette gewinne ich immer.

Fahren Männer anders Auto als Frauen?
Die Mädels haben eine bessere Feinmotorik. Die Jungens brechen oft an meinem Schaltknüppel rum, da frage ich immer: »Hömma! Spielst du Handball?« – »Ja, tu ich!« – »Das sieht

man.« Das Putzige ist, dass die Jungs oft auf cool machen und in der Prüfung totalen Schiss haben. Ich habe gerade einen 100-Kilo-1,90-Meter-Mann in einer Prüfung gehabt. Der musste rechts ranfahren, so einen Schiss hat der gehabt. Ein anderer, der Constantin, ist von zu Hause abgehauen, als ich ihn zur Prüfung abholen wollte. Oft fahren die Kinder vom Stil her wie die Eltern, ich hab kürzlich noch zu einer Schülerin gesacht: »Dein Vadder, der fährt ja echt wie Harry Hirsch, das lass mal lieber bleiben.« Der Vadder hatte bei mir auch den Schein gemacht.

Sind Frauen die schlechteren Beifahrer?
Da ist unter Umständen was dran. Denn seit ein paar Jahren dürfen Jugendliche ja mit 17 den Führerschein machen – und dann bis 18 fahren, wenn sie einen mindestens 30-jährigen Beifahrer haben. Wenn dieser Beifahrer die Mutter ist, dann weiß ich schon: Die ist ängstlich und überträgt das auf den Fahrer. Lockerer sind da die Ommas. Ich habe eine 17-jährige Fahrschülerin gehabt, die hatte als Beifahrerin ihre Omma neben sich, die Schülerin fährt mit der Omma immer schön am Wochenende hier in Bielefeld in die Disco. Omma bleibt im Auto und häkelt, bis die Enkelin im Morgengrauen wieder aus der Disco kommt. Omma ist 90 – kein Witz.

Fahren ältere Fahrschüler besser als junge?
Also, ich hatte hier schon ein paar Spezialisten älteren Semesters, die waren lange dabei. Henriette, die hat mit 65 Führerschein gemacht und das dauerte so lange, dass ich eine Art Vertrauensperson für sie wurde. Die hat mich in der Fahrschule

angerufen und gefragt, was für eine Waschmaschine sie wohl kaufen soll. Oder Regina, ähnliches Alter, die wohnte an diesem neuen Autobahnstück, die brauchte 20 Fahrstunden, um nur geradeaus fahren zu können. Sie sagt: »Paule, habe ich überhaupt 'ne Chance, zu bestehen?« – Ich sag: »Regina. Klar, nur das dauert eben bei dir echt lange und das geht ja dann irgendwann ins Geld.« Sie sagt: »Geld spielt keine Rolle.« Sie hat immer bezahlt, mir außerdem frisches Gemüse und Kartoffeln mitgebracht. Nach 200 Fahrstunden hat sie die Prüfung gemacht.

Und? Bestanden?

Beim zweiten Mal. Da hatte sie aber auch einen ganz lieben Prüfer, der hat ihr so übern Daumen acht Minuten Zeit gegeben, um einzuparken. Und die hat Regina auch gebraucht. Vor einiger Zeit hatte ich eine Dame, die ist durchgefallen, weil sie nach zwei Minuten Prüfung über eine rote Ampel fahren wollte. Sie hat sich danach geweigert, den Wagen ohne Führerschein zu verlassen. Wir mussten eine Stunde auf sie einreden. »Dann fahr halt in Zukunft lieber mit dem Bus, ist doch auch schön«, hab ich durchs Fenster gerufen. Da machste was mit.

Klingt jetzt aber doch so, als wären die ganz schweren Fälle Frauen.

Nee, auch bei den Männern gibt es echte Spezialisten. Einer war, nachdem er durchgefallen ist, so sauer, dass er mit dem Kopf vor eine Wand gerannt ist. Dann aufgestanden, dann wieder volle Kanne vor die Wand, aufgestanden, volle Kanne

Wand. Den mussten wir mit drei Mann festhalten. Sachen gibt's.

Sind die Prüfer eigentlich immer Männer?
Ja, komischerweise. Ich habe von einer Prüferin in Hamburg gehört, die soll aber echt ein sehr spezieller Fall sein. Wobei ich es lieber gleich sage: Bei den Prüfern gibt es Leute, da glaubst du, du träumst. Ich hatte vor einiger Zeit einen Prüfer, der ist während der Fahrt eingeschlafen, da sind wir dann ganz leise fünf Minuten um den Block gefahren, und beim Aussteigen ist er dann aufgewacht und hat »Alles super!« gesagt. Ein anderer Kollege, jetzt in Rente – is' auch vielleicht besser so –, hat sich von den Schülern während der Prüfungen durch die Stadt kutschieren lassen, damit er seine Besorgungen machen konnte. Einmal war der Prüfer 20 Minuten in einer Bank, und wir haben draußen gewartet. Der Schüler ist echt gefahren wie eine Wurst – hat aber bestanden.

Ich bin ja ein echt mieser Autofahrer, auch wenn mir beim Einparken deine Fahrlehrerworte noch oft im Kopf herumtoben. Wie viele deiner ehemaligen Schüler würden denn heute aus dem Stand die Prüfung bestehen?
Zehn Prozent. Mehr nicht, man prüft ja heute viel länger, 45 Minuten, früher waren das ja nur so 15 Minütchen.

Fährst du privat eigentlich viel Auto?
Nö. Ich wohne ja in der Innenstadt, ich fahre Rad. Oder gehe mit dem Hund.

11

Das kommt in die Tüte – Warum sie shoppt und er einkauft

Er sagt: Ich öffne die Wohnungstür und höre meinen Lieblingssatz: »Das ist für Sie.« Ich stehe in meinem kürzlich online erworbenen Bademantel vor unserem Postboten. »Und das hier.« Es ist kurz vor neun Uhr morgens. »Und das hier, und das und das.« Ich wohne im vierten Stock in einem Haus ohne Fahrstuhl und nehme die Pakete in Empfang – die Lieferung all der Dinge, die ich jeden Tag im Internet bestelle. Um die Postboten aufzumuntern, die sich jeden Morgen zu mir emporkämpfen, habe ich ein paar Standardwitze parat, am liebsten sage ich: »Bei Ihrem Job braucht man abends wirklich kein Fitnessstudio, oder?« Ich liebe dieses verbale Kuscheln mit der unterbezahlten Arbeiterklasse. Ich habe auch schon mal auf dem kleinen, grauen Digital-Display mit »Al Corley« unterschrieben, das war ein Schauspieler aus dem Denver Clan, der dann eine tolle Single aufgenommen hat, die »Square Rooms« hieß. Ich will das Feedback auf meinen fein perlenden Humor mal so beschreiben: Postboten sind eher Pakete-Träger als Pointen-Versteher. Die aller-, allerwenigsten interessieren sich für Al Corley und sind eher Miesepeter in bunten Uniformen.

Meine Freundin shoppt dagegen nur analog. Sie kauft gewaltige Massen von Klamotten an langen Abenden, die sie nach der Arbeit in der Innenstadt verbringt. Ich glaube, sie fühlt sich dann wie Jennifer Aniston in einer romantischen Komödie oder eine Frischverlassene in einem Ildiko-von-Kürthy-Roman, die »jetzt mal die Kreditkarte glühen lässt«. Trostbedürftig. Sie geht nicht einkaufen, sie durchsiebt die Läden. Wenn Verkäufer fragen, ob sie Hilfe braucht, wischt sie sie aus dem Weg und kommentiert das mit einem »Ich schaue nur mal«. Meine Freundin probiert dann riesige Mengen von allem an. Früher bin ich zu diesen Shopping-Touren mitgegangen, habe auf der Ablagebank gekauert und mich zu Tode gelangweilt. Und eigentlich nur gestört, denn schließlich konnte meine Freundin meine Frage »Was suchst du denn?« immer nur mit dem Satz »Was Schönes!« beantworten. Was ungefähr so hilfreich ist, als ob man in einem Restaurant zum Kellner sagt, man habe richtig Hunger

**Sie geht nicht einkaufen,
sie durchsiebt die Läden.**

auf »Was Leckeres!«. Meine Freundin hat das nie so direkt gesagt. Aber ich glaube, auch ihr ist viel wohler, wenn ich zu Hause bleibe. Laut einer Studie des Kondomherstellers Durex findet jede fünfte Frau Shoppen schöner als Sex.

Männern im Allgemeinen und mir im Besonderen ist das vollkommen fremd. Kein Wunder, dass wir lieber digital als analog shoppen. Man gibt einen Suchbegriff ein, bekommt ein paar Angebote, drückt auf den Knopf. Wusch, morgen kommt der Paketmann. Der online shoppende Mann liebt diese Aura

124

der Effizienz. Meine Freundin kommt eingeklemmt zwischen bauschenden Tüten nach Hause und sagt: »Schau, was ich gefunden habe.« Ich tippe aufs Display und sage: »Schau mal, was ich bestellt habe.«

Das ist natürlich nur die halbe Wahrheit. Denn der männliche Online-Shopper liebt eben nicht nur die kühle Autori-

Der online shoppende Mann liebt die Aura der Effizienz.

tät, die von seinem Laptop ausgeht. Er ist tatsächlich davon überzeugt, dass die Jeans, T-Shirts und Turnschuhe, die er im Netz bestellt, das Neueste vom Neuen sind. Dass ein Heer von Paketknechten nach seiner Bestellung durch die Nacht wieselt, um seine Garderobe zu nähen, zu verpacken, die Treppe hochzuschleppen. Ein schöner Nebeneffekt: Wenn man genug bestellt, verliert man auf wunderbar rauschhafte Art den Überblick. Das Ergebnis ist ein wirres Adventskalender-Gefühl, ständig bekommt man irgendwas, dauernd klingelt es, man darf jeden Tag Sachen aufreißen, Plastikfolie mit Luftbläschen zerplatzen lassen.

Und trotzdem fehlt etwas: Die Verkäuferin, die einem die Sachen anreicht und »Sie sehen toll aus« zuraunt, oder mein Lieblingslob: »Das kann nicht jeder tragen.« Es geht wirklich nichts über professionelle Unterwürfigkeit im Umkleidekabinen-Trakt.

Ich habe mich deshalb bei einer Online-Stilberatung angemeldet. Die Idee dahinter ist einfach: Man füllt einen Fragebogen aus, führt ein Beratungsgespräch am Telefon und bekommt dann eine Kiste mit Kleidung zugeschickt, die die Beraterin für einen zusammengestellt hat. Ein Service für Männer, die zu busy sind, selbst einkaufen zu gehen, was angenehme Wichtigkeit verbreitet. Man ist in einer Liga mit Leu-

Es ist die perfekte Mischung aus »Mutti geht jetzt mal mit dir einkaufen« und Telefonsex.

ten, die eine Putzfrau, einen Personal Trainer und jemanden haben, der den Aston Martin mit Q-Tips reinigt. Ich mache es kurz: Es ist der Wahnsinn. Ich habe beim Fragebogen in der Rubrik »Stilvorbild« das Foto eines Typen in Baggypants und großen Kopfhörern angeklickt. Er sieht aus wie jemand, der in einem Loft mit einer freistehenden Badewanne wohnt und Affären mit Models aus dem Ostblock hat.

Da mein Kleidungsstil bis dato eher dem Leitmotiv »Mamas Liebling trägt Pullunder« folgt, verspreche ich mir einen lässigen Mix aus Christian Wulff und Snoop Dogg. Und dann kommt der Beratungsanruf. Meine Beraterin heißt Alexandra und geht mit mir eine halbe Stunde lang durch, was an mir gut aussieht. Sie kaut derweil ein Brötchen, was angenehm frivol klingt. Es ist die perfekte Mischung aus »Mutti geht jetzt mal mit dir einkaufen« und Telefonsex. »Und jetzt habe ich noch eine Sache, über die ich mit dir sprechen will«, sagt Alexandra, leise mampfend. »Da dein Geschmack offensichtlich so weltmännisch und stilsicher ist, fände ich es gut, wenn wir uns sofort in einem schmutzigen Hotel treffen und uns paaren würden wie zwei koksende Frettchen, du geiles Pullunderbiest.« Okay, dieser Satz ist nur in meinem Kopf. Leider sagt sie: »Wie sieht es denn bei dir aus mit… (Pause, Pause, Pause)… Accessoires?« Gürtel, Schals, Ketten. So schmeckt Enttäuschung. »Nein, aber tolle Idee.«

Eine Woche später reicht mir der Postbote das Paket der Pakete, einen dunkelblauen Karton mit Klamottenbündeln, die von weißen Seilen zusammengehalten werden und alle so aussehen, als würden sie jemandem gehören, der in Martha's Vineyard mit den Kennedys Cricket spielt. Darauf ein handgeschriebener Zettel, der Hammer, auf dem mich Alexandra nicht York, sondern Vort nennt. Das verwirrt mich kurz, aber ich denke, als Personal Shopperin ist man einfach auch derbe unter Druck und kann sich echt nicht mit allen Details aufhalten. Die Klamotten sind bis auf ein lindgrünes Polohemd sehr hässlich oder zu klein, das tut tatsächlich richtig weh. Ich erwähne das, weil das typisch für den shoppenden Mann ist. Man will verstanden und gehätschelt werden, Mutti soll einem den Seitenscheitel verwuscheln und einem sagen, wie fesch man ist. Ich schreibe eine E-Mail an Alexandra, bedanke mich für die Kiste, erwähne das hübsche Polohemd, verschweige den Rest. Und ich kann nicht anders: »Liebe Grüße, Dein Vort.«

Das Experten-Interview:
Schreckensort Kleiderschrank

Renate Seuling, Personal Shopperin in Berlin, kennt sich mit Modesünden bestens aus und weiß deshalb, dass der Tritt ins Styling-Fettnäpfchen absolut geschlechtsneutral ist.

Wie wird man ein Personal Shopper?
Ich habe Modedesign studiert, aber da ein eigenes Label für mich nie interessant war, ich dagegen im Freundeskreis immer mehr zur Ansprechpartnerin in Modefragen wurde, lag es irgendwie nahe. Ich mach das jetzt seit drei Jahren sehr erfolgreich und mit viel Freude.

Haben Sie auch männliche Kunden? Bei den Männern, die ich kenne, ist das in Sachen Mode so: Entweder sie sind schwul und legen Wert auf ihr Outfit, oder sie sind hetero und ziehen aus dem Schrank, was zufällig drinliegt. Aber ich kenne leider keine David Beckhams oder Kai Pflaumes.
Meine Kundschaft ist zu knapp 50 Prozent männlich. Und meist sehr angenehm. Männer haben zwar oft weniger eigene Ideen, sind dafür aber offener für meine Vorschläge. Im Idealfall bekomme ich einen Einkaufszettel und kann loslegen. Das ist mir das Liebste.

Was steht denn da so drauf?
Wenn ein Kunde zum Beispiel auf eine Hochzeit geht, ganz generell zu speziellen Anlässen, da sind Männer unsicher, was sie anziehen sollen.

Geht mir oft ganz genauso. Vielleicht sollte ich Sie auch mal buchen. Was machen Sie als Erstes, wenn Sie einen neuen Kunden haben?
Ich gucke mir den Kleiderschrank an.

Und was finden Sie da an textilem Grauen?
Na ja, die üblichen Antiquitäten. Bei Männern oft die ausge-
beulten Pluderhosen oder Uraltsakkos mit Schulterpolstern aus
den 80ern und 90ern. Oder alte Buffalos aus der Raver Phase.

Welche Scheußlichkeiten findet man denn in
Frauenkleiderschränken?
Das ist natürlich Ansichtssache. Frauen haben oft ein Bild von
sich, das nicht mehr stimmt. Sie kaufen dann sozusagen »fern
von sich« ein.

Also platt gesagt – zu kurz, zu eng, zu viel Glitter.
Eine Möglichkeit. Aber auch Männer tun das. Ich hatte mal
einen Kunden, der kaufte seine Schuhe nur in Größe 46, obwohl er Größe 43 hatte. Alle seine Klamotten waren zu groß.

War der Mann denn so klein?
Nein, der liebte es einfach etwas großzügiger, etwas kusche-
liger. Ich spreche so etwas dann vorsichtig, aber möglichst
direkt an.

Wie direkt? Der Mensch ist ja empfindlich, und Klamotten
sind etwas sehr Persönliches.
Männer sind da nach dem Motto: »Mach mal« eigentlich entspannt, aber auch Frauen hören auf meinen Rat. Dafür haben
sie mich ja schließlich gebucht. Die meisten übrigens, weil sie
zu beschäftigt sind und keine Zeit für langes Shoppen haben.
Männer dagegen buchen mich, weil sie nicht mehr weiterwis-
sen.

Wer gibt mehr Geld für Klamotten aus?
Eindeutig Frauen. Daran hat sich nichts geändert.

*Mein Coautor York Pijahn ist groß, sehr weiß, hat ein kleines
Bäuchlein und wenig Haare. Wie würden Sie ihn beraten?*
Dann wäre vielleicht ein Hut die Lösung, es sei denn, er hat
kein Problem damit. Und mit einem gut geschnittenen Sakko
könnte er seinen Bauch kaschieren. Ansonsten empfehle ich
Männern mit einem kleinen Gewichtsproblem eine einheitliche
Farbe für Ober- und Unterteil. Und ein witziges, auffallendes
Accessoire.

Zum Beispiel?
Zum Beispiel eine bunte Fliege.

12

Alles cremig –
Frauen und Männer im selben Bad

Sie sagt: Im Gegensatz zu Männern, die in den Jahren zwischen acht und 15 ihren Wohnsitz in einen Pumakäfig verlegen, eine Zeit, in der weder Seife noch Wasser an ihren pubertierenden, schwitzenden, pickligen Jungmännerkörper darf, haben wir Frauen ein lebenslang positives, wenn nicht sogar inniges Verhältnis zu unserer Körperpflege. Wir riechen gut, wir stibitzen Mamis Lippenstift und Parfüm, weit bevor unser

> **Frauen haben ein lebenslang
> positives Verhältnis zur Körperpflege.**

erstes Schamhaar sprießt, das wir in Zeiten, in denen erotisch auf Haarlosigkeit bestanden wird, dann sowieso subkutan herausrupfen. Wenn die Pumakäfigphase endet, weil pumamäßig stinken ja auch irgendwann langweilig wird, wirft der junge Mann das Gegenprogramm an – tagelange Duschorgien unter Zurücklassung überschwemmter Badezimmer, dosenweise süßlich duftendes Haargel im modischen Undercut, flaschenweise noch süßlicher riechendes Parfüm über den leider noch immer pickligen Körper gesprüht. Irgendwann jenseits der 20 ruckelt sich alles zurecht und der junge Mann wird ansehnlich, vor allem riecht er dann meistens gut.

Das junge Mädchen, das den jungen Mann in der Pumaphase gemieden hat, wendet sich ihm wieder zu. Die Hormone sprießen, das Wort mit den drei Buchstaben will in Angriff genommen werden.

Aber obwohl unser Verhältnis zur Körperpflege ein inniges ist, bedeutet dies nicht, dass wir Frauen unseren Körper alle gleich pflegen. Wir essen ja auch nicht alle Hirseklöße mit Tofuschaum, manche von uns lieben ein saftiges Steak.

Wir unterscheiden fünf Grundtypen, ohne Anspruch auf Vollständigkeit. Die weibliche Natur ist schließlich eine hochkomplizierte, sich permanent verändernde. Das lieben die Männer ja so. Weil sie nie wissen, woran sie bei uns sind.

1. Die Naturbelassene (Femina dinkelkernica)
Sie lehnt es ab, in das hineinzupfuschen, was sie, obwohl keine Kirchgängerin, als »Gottes Schöpfung« bezeichnet. Sie schminkt sich nicht, auch nicht die Jugendpickel weg, und später keine einzige Falte. Früher wusch sie sich mit Kernseife, natürlich geruchlos, jetzt ist sie auf NIVEA-Seife umgeschwenkt. Als junge Frau war sie durchaus hübsch, älter geworden hat die Femina dinkelkernica den Charme einer frustrierten Grundschullehrerin. Die sie oft auch ist. Sie ist 48, sieht wie mindestens 58 aus, was an ihren eisgrauen Haaren liegt, die sie lang und offen trägt. Natürlich hat sie den dazu passenden grauen Busch und ist Veganerin.

2. Der Reinheitsfreak (Feminosa manus purata)

Die Feminosa manus purata trinkt nur handgeschöpftes, lauwarmes Wasser und isst nur, was sie in ihrem nachhaltigen, regionalen, authentischen Schrebergarten selbst angebaut hat. Etwas in oder an das kostbare Gefäß ihres Körpers zu lassen, das auch nur den Hauch eines eventuellen Zusatzstoffes beinhaltet, wäre ihr ganz persönlicher Weltuntergang. Ihre Körperlotion hat eine Kommune nepalesischer Bergbauern aus der Milch einer biologisch einwandfreien Kuhherde gewonnen, der harte Schwamm, mit dem sie sich seifenlos schrubbt, stammt aus dem Riff einer unbekannten indonesischen Insel. Ihre Seife ist selbstgemacht. Die Feminosa manus purata riecht zwar säuerlich, dies aber nachhaltig.

3. Die Überpflegte (Femina tiegelitis diversa)

Sie liebt alles, was mit der Reinigung und visuellen Optimierung ihres Körpers zu tun hat. In ihrem Badezimmer türmen sich Döschen, Tiegelchen, Fläschchen und Pröbchen diverser Kosmetikhersteller. Sie hat eine Creme für Ellbogen, Kniekehlen und Ohrläppchen und ein Haarshampoo für vor und nach ihrer Periode. Nach den Wechseljahren wird ihr dann ein Shampoo genügen. Ungeschminkt würde sie noch nicht einmal dem Briefträger öffnen. Vor dem Spiegel zu stehen und sich langsam und lustvoll aus 27 Tiegeln einzubalsamieren, gehört zu den Höhepunkten ihres Morgens. Da es vor dem Zubettgehen genauso lange dauert, hat die Femina tiegelitis diversa sehr wenig Sex.

4. Die Gläubige (Femina beautica religiosa)

Sie glaubt alles, was die Kosmetikindustrie ihr verspricht, und ist superenttäuscht, wenn ihre dünnen Haare nicht voller werden, obwohl sie sie doch mit Volumenshampoo (kräftigt die Haarwurzel von innen heraus) wäscht. Auch auf die Aufpolsterung ihrer Krähenfüße wartet sie vergebens, obwohl auf der Augencreme ausdrücklich »mit Hyaluron für einen jungen, regenerativen Look« steht. Zuversichtlich gibt die Femina beautica religiosa 200 Euro für ein 50-Milliliter-Döslein La-Mer-Gesichtscreme aus, weil Beschreibungen wie »Zellerneuerung, straffendes Kollagen, Bioprotein aus Meeresalgen und Saponine aus Soja« sie einfach glücklich machen.

Und dann gibt es natürlich auch noch die Frau, die wir alle sein sollten:

5. Die ganz Normale (Femina gloriosa)

Sie duscht am Morgen, cremt sich ein, putzt sich die Zähne, benutzt Zahnseide und danach Lippenstift und Wimperntusche. Sie ist zufrieden mit sich und grämt sich nicht, dass sie nach einer wilden Nacht mit Sex und Alkohol nicht mehr wie eine Rose aussieht. Sie probiert kosmetisch mal dies, mal das, und wenn sie ihr erstes, graues Haar entdeckt, oben oder unten, flippt sie nicht aus, sondern färbt so lange, bis sie selbst merkt, dass sie, oben oder unten, wie eine Zigeunerbaronin aussieht. Dann hört sie auf. Die Femina gloriosa liebt ihren Körper und ist nachsichtig mit ihm. Es ist schließlich der einzige, den sie hat.

Er sagt: »Guten Tag, ich hätte gern eine Karottencreme.« Ich stehe in einem Hamburger Drogeriemarkt, mir gegenüber eine vielleicht Anfang 20-jährige Verkäuferin mit Nasenpiercing und asymmetrischer Frisur. »Die Creme ist für meine Frau. Freundin. Frau. Sie ist meine Freundin, es fühlt sich aber an wie Frau.« Das läuft ja spitze. »Die alte Karottencreme, die sie hat, riecht mies.« Die Verkäuferin guckt mich an. Sie weiß, dass die Karottencreme für mich ist. Ich weiß, dass sie weiß, dass sie für mich ist. Ich habe nämlich den Rest eben aufgetragen. Ich bin im Gesicht Dieter-Bohlen-orange, und ich kann die Creme riechen. Sie riecht wie das Raumspray in einem Altenheim, nach Flieder und Eintopf, deshalb brauche ich ja auch eine neue. So wie ich in diesem Moment müssen sich Al-Quaida-Mitglieder fühlen, die im Baumarkt nach Dynamitstangen fragen und dann zum Verkäufer sagen: »Ist für eine Geburtstagsüberraschung. Nicht, was Sie jetzt denken. Ha, ha, Allahu akbar und noch einen schönen Tag, wo geht es zur Kasse?« Es glaubt einem einfach niemand ein Wort.

Ich habe sehr viele Kosmetika. Ich habe Augen-Roll-ons und Bräunungscremes und Peelings. Ich habe eine Sammlung teurer Haargels, so wie die meisten meiner Freunde, auch wenn das unter Männern ein unbequemes Thema ist. Ich habe, was Kosmetika betrifft, die Hysterie der Pubertät, während der Jungs ja anfangen, viel Zeit im Bad zu verbringen, in die Erwachsenenzeit herübergerettet. Meine beiden großen Brüder und ich hatten in der Pubertät Popper-Frisuren, die sehr viel Haarfestiger, Gel und am Ende vor allem Haarspray brauchten. Wir haben damals so viel Haarspray versprüht, dass die

Heiztherme bei uns im Bad verklebte und ausgewechselt werden musste. Meine Mutter war fassungslos. Sie hätte nie gedacht, dass sie mal drei Söhne haben würde, die in der Schule den Spitznamen »Drei Wetter Taft« tragen würden.

Es hat keinen Sinn, es zu leugnen: Der Eincremer-Mann ist ein eitler Sack. Er erinnert sich an die Zeit, als er als Kind frisch gebadet im Asterix-und-Obelix-Bademantel aus dem Bad kam und Mama gesagt hat: »Komm her Mäuselein, wie

**Es hat keinen Sinn, es zu leugnen:
Der Eincremer-Mann ist ein eitler Sack.**

gut du riechst!« Mann, das würde er gern noch mal hören. Und er ist im Kern natürlich ängstlich, dass er nicht gut genug aussehen könnte. Er würde gern jeden Morgen in den Tag stürzen wie der Mann aus der Cool-Water-Werbung in die hellblauen Wellen. Frisch, braun, Muckis und die Haare ein einziger Wuuusch! Aber er weiß, dafür sieht er einfach zu abgewohnt aus. Er muss dringend was machen, er muss sich eincremen. Er fantasiert von dem Moment, in dem fremde Frauen im Biosupermarkt an ihm vorbeigehen und ihm sagen, dass er sehr gut rieche, und dann ihre Einkäufe fallen lassen und andere Frauen wegboxen, die auch Witterung aufgenommen haben. Er hofft, dass sich dann eine Schlange bildet, die zu einer unkontrollierten Sex-und-Gewalt-Orgie am Gemüsestand führt. Okay, so ungefähr.

Klingt einfach. Ist es aber nicht. Denn da der Eincremer-Mann kein Vollidiot ist, weiß er, dass Frauen ja eigentlich den Cool-Water-Mann wollen. Den Naturburschen, der nur rein zufällig irre gut riecht, irre glatte Haut, spektakulär weiße Zähne hat, umgeben von perfekt gepflegten Lippen. Nicht unkompliziert: Man will entspannt aussehen, aber auf keinen Fall mit Worten wie Wellness-Wochenende und Kosmetikbehandlung in Verbindung gebracht werden. Man will niemand sein, der in One-Size-Frotteeschlappen durchs Bild geht, sondern der, der die Seilschaft durch die Eiger Nordwand führt, verdammt, man wollte doch immer McGyver sein und nicht die junge Fa. Um aus diesem Dilemma herauszukommen, ist der Eincremer-Mann ein Geheimniscremer. Er kauft sich all diesen Cremekram heimlich, benutzt die Produkte seiner Freundin mit, und wenn er schon Cremes selber kauft, dann nur solche, die vom Look an Autopflege-Produkte erinnern: blaue, silberfarbene, schwarze Tuben, die Dinge enthalten, die »Repair-Power-Liquid« heißen oder »Energizer-Wake-up-Booster«. Er vermeidet gemeinsame Badaufenthalte, denn er will ja nicht beim Abschminken gesehen werden, sondern beim Gewehrreinigen. Er führt ein Doppelleben.

Ich habe in meinem Badschrank einen Rasierpinsel und ein offenes Rasiermesser, beides habe ich von meinen Män-

Um aus diesem Dilemma herauszukommen, ist der Eincremer-Mann ein Geheimniscremer.

nerfreunden bekommen. Noch nie benutzt, ich mag aber die Hemingway-im-Schützengraben-Aura und stelle beides als Sichtschutz vor die Tuben, die ich in Wahrheit jeden Tag benutze. All das ist vollkommen durchsichtig, ich weiß, aber ich weiß auch, wie meine Freundin mich angesehen hat, als ich das erste Mal Abschminkwatte von ihr genommen habe, um mein Gesicht mit etwas zu reinigen, das so ähnlich klang wie Rocket-Fuel-Deep-Purity-Irgendwas. Sie hat mich sehr traurig angesehen – und ich schließe seitdem die Badtür ab. Und wenn sie dann später sagt, dass ich gut rieche, und die Karottencreme eingezogen, die Handcreme verrieben ist, sage ich. »Ach Baby, das ist nur Seife.« Und sie: »Ein bisschen viel orange im Gesicht. Aber riecht gut.«

Das Experten-Interview:
Harte Muskeln, weicher Bart

Mark Simpson sieht aus wie eine Mischung aus Meister Propper, Model und Fitness-Studio-Tresenkraft. Und ist eigentlich nie zu erreichen. Kein Wunder. Denn er gehört zu Großbritanniens erfolgreichsten Magazin-Journalisten. 1994 erfand er das Wort »metrosexuell« und machte es zu einem weltweiten Trendbegriff für einen neuen Typus Mann: der mehr Kosmetika im Schrank hat als Madonna, am liebsten aussehen würde wie David Beckham und die Grenze zwischen schwul und hetero verwischt. Was kommt jetzt? Mark Simpson sagt: Der Sporno. Und er kommt nicht – er ist schon da.

Das Wort »Sporno« mischt die Begriffe »Sport« und »Porno«. Und meint Männer, die ihre Tage im Fitness-Studio verbringen, dort von sich Selfies machen und ihre Körper im Internet, aber auch in der nichtvirtuellen Öffentlichkeit ausstellen wie erotische Statuen. Warum macht der Sporno das?

Er will begehrt werden. In einer visuellen Welt, die permanent online ist, geht es darum, gewollt und geliebt zu werden. Was sich zum Beispiel in Facebook-Likes ausdrückt. Der Sporno inszeniert sich als Sexsymbol und zeigt seine Ware auf dem digitalen Marktplatz. Die dann ganz bewusst heterosexuelle und homosexuelle Fans und Follower ansprechen soll.

Warum?
Je mehr Fans, je mehr Begehren, desto besser. Wer nicht gesehen wird, existiert in unserer visuellen Welt nicht. Nur wer sichtbar ist, wird einen Werbevertrag bekommen, wird entdeckt. Ohne Sichtbarkeit bekommt er nicht mal eine Beförderung in seinem langweiligen Bürojob.

Sie selbst sehen aus wie die Männer, die Sie beschreiben.
Fit, gepflegt, sehr breite Schultern, präzise rasierte Haare.
Sind Sie ein Sporno?
Sie wissen, wie man jemandem Honig ums Maul schmiert. Ich bin ein viel zu spezieller Typ, um in eine dieser Kategorien zu passen.

Selbstredend.
Aber es stimmt schon, die Männer, über die ich schreibe, sehen etwas aus wie ich, nur viel, viel durchtrainierter.

Welcher Teil Ihres Körpers ist eigentlich der schönste?
Auf jeden Fall mein Schwanz.

Es geht doch nix über das gute alte Selbstvertrauen. Wie kam denn die Lust des Mannes am Begehrtwerden in die Welt?

Durch Hochglanzmagazine. In den 80ern war der extrem gepflegte, sexy Mann ein Phänomen in Anzeigenstrecken – weil die Industrie auch den Mann zum permanenten Konsum animieren wollte. In den 90ern hat es dieser Kunstmann dann in die Realität geschafft. Jetzt haben wir mit dem Sporno die nächste Ausbaustufe. Es geht nicht mehr nur um Frisuren und Kleidung, sondern um den Körper selbst, trainiert, tätowiert, sexed up. Der Körper als Modeaccessoire.

Wie erkläre ich meiner Mutter, woran sie einen Sporno in einer ostwestfälischen Kleinstadt erkennt?

Der Sporno trägt seine Kleidung als Einladung, ebendiese Kleidung abzulegen, er zeigt sich nicht nackt, das würde ja das Verlangen reduzieren, aber er hat auch nicht viel an, sonst bekämen seine Verehrer ja nicht mit, mit welcher Ware er handelt. Er verbreitet die Aura eines Strippers. Man sieht ihn und denkt als Erstes: Körper!

Das Wort »metrosexuell« wird in den Medien oft mit einem leicht abfälligen Ton benutzt, als habe der metrosexuelle Mann eigentlich nicht alle Tassen im Schrank. Ein peinlicher, eitler Depp mit viel Gel im Haar und wenig Hirn im Kopf. Woran liegt das?

Das liegt an den Leuten, die die Medien machen: Zeitgeistmagazine werden von Hipstern gemacht. Sie sind, wenn man so will, der nichtsexuelle Teil der metrosexuellen Meute, was den Schwachsinn des Hipstertums übrigens ziemlich gut auf den

Punkt bringt. Der Hipster, meist jemand aus der Mittelschicht, blickt auf die Vulgarität des Metrosexuellen und des Sporno herab, weil Körper und Verlangen ja nichts »Ironisches« haben. Und Ironie ist ja die Grundhaltung des Hipsters. Der Wunsch, begehrt zu werden, ist allerdings völlig ironiefrei, der Mann, der sich und seinen Körper so ausstellt, macht sich ja verletzlich, setzt sich Bewertung aus, er ist darin sehr ehrlich. Damit können Hipster nichts, aber auch gar nichts anfangen.

Ich selbst will natürlich, dass meine Freundin mich gut findet, ich habe nix gegen neidische Wutblicke, wenn ich jemanden beim Joggen versäge, aber das finale Lob ist, wenn Mama aus Bielefeld sagt, ich sähe gut aus. Ist die Mutti die finale Instanz in Sachen Lob für Männer?
Nein, und ich denke, dass sollten Sie mit Ihrem Therapeuten besprechen. Wobei… die heutige Generation von Männern wurde ja vor allem von Frauen aufgezogen. Und die Bindung zwischen Junge und Mama ist im Kern narzisstisch. Es kann gut sein, dass hier eine starke Motivation des metrosexuellen Mannes herkommt.

Würden Sie gern manchmal die Uhr zurückdrehen zur Zeit der Mad Men? Kein Parfüm, fünf Anzüge, Pomade im Haar, basta?
Ich nenne das Retrosexualität, das ist der feuchte Traum vieler metrosexueller Männer. Meiner Ansicht nach ist das eine Illusion, ich bezweifle, dass damals in den frühen 60ern viele Männer wirklich so gelebt haben, bis auf eine sehr kleine, vom Gin besoffene Elite, die jetzt durch Fernsehserien wankt.

Das Besondere am Metrosexuellen ist ja unter anderem seine Kosmetika-Begeisterung. Ist das immer noch ein Thema?
Natürlich. Und die Kosmetik-Industrie hat sich den gesamten Männerkörper einverleibt. Es gibt Bartweichmacher-Cremes, und zwar in jedem Supermarkt in England. Das sagt doch alles.

Was wird wohl nach dem Sporno kommen?
Das werde ich nicht verraten, aber ich sage Ihnen, dass wir bislang nur den Anfang eines Trends erlebt haben. Männer werden sich in der Zukunft noch viel stärker als Sexobjekte präsentieren. Darauf können Sie wetten.

13

Die Nase voll –
Kranke Männer, kranke Frauen

Er sagt: Ich glaube, wir stehen kurz vor dem Durchbruch. Dem Tag, an dem ein Forscherteam ein Medikament gegen die Krankheit findet, die jeden Winter eine Schneise durch die Reihen meiner Männerfreunde frisst wie ein fahrerloser, russischer Mähdrescher. Die Rede ist von der MÄNNER-ERKÄLTUNG.

Ich stelle mir vor, wie ein Arzt live zum »heute journal« mit Marietta Slomka durchgeschaltet wird. Und wie dieser Arzt aufgeregt erklärt: »Wir haben endlich ein Mittel gegen die Männererkältung gefunden.« Ich stelle mir vor, wie er mit einer Gummihandschuhhand ein Reagenzglas in die Kamera hält. »Ein Medikament gegen diese ja bekanntlich extrem langwierige, schmerzhafte und lebensbedrohliche Krankheit.« Marietta Slomka, für ihre Verhältnisse total aufgekratzt, weil hier offensichtlich gerade Medizingeschichte geschrieben wird, macht einen spitzen Mund und hebt eine Augenbraue wie Mr Spock. »Was würde eigentlich passieren, wenn eine Frau sich mit einer Männererkältung infizieren würde?«, fragt sie, ihre Husky-Augen auf den Gesprächspartner gerichtet. Der Arzt lacht kurz auf. »Ich bin froh, dass Sie das fragen, Marietta, darf ich Marietta sagen? Eine Männererkältung würde eine Frau innerhalb von Minuten töten. Frauen bekommen ja nur die unkompliziertere, komplett harmlose Frauenerkältung.« Slomka kann nicht anders und wird von ihren Gefühlen übermannt: »Lieber Gott, und dafür sind wir Frauen – und ich weiß, ich spreche gerade für alle Frauen da draußen – wirklich un-end-lich dankbar.«

Ja, also von diesem Tag träume ich. Doch bis dahin müssen wir Männer jedes Jahr allein und von Frauen unverstanden durch die Hölle der Männererkältung. Es ist mir übrigens ein Rätsel, warum es noch keine Werbung für Männererkältungsmedikamente gibt. Man sieht die Reklamefilme doch schon vor sich: Eine Spezialeinheit im Dschungelkrieg. Kugelhagel, Explosionen, das Dröhnen von Hubschraubermotoren über dem tropfenden Regenwalddach. Und dann ein Brüllen: »Sanitäter! Verdammt, Sani! Lass den Marine mit den wegge-

> **Bis dahin müssen wir Männer jedes Jahr
> allein und von Frauen unverstanden durch
> die Hölle der Männererkältung.**

rissenen Beinen liegen, wir haben hier vorne einen Soldaten mit einer Männererkältung, verdammt, das ist viel dringender, ich will hier draußen nicht einen unserer Besten verlieren.«

Warum leiden Männer anders als Frauen? Weil wir unsere Körper nicht als Körper wahrnehmen. Sondern als Maschinen. Krank zu sein heißt: Maschinenschaden, die ganze, hoch-

144

sensible und extrem leistungsfähige Apparatur ist Schrott. Dieser traumhafte Körper, der doch eigentlich immer für eine Profisportlerkarriere gemacht war, dieser Körper also: ist hin. Das ist nicht schlimm; das ist ein Verbrechen. Das Leben hat

Wir sind verraten worden von unserem Körper, dieser undankbaren Sau.

uns gefoult, und jetzt werden wir unter dem Jubel des Stadions vom Platz getragen. Zerstört, aber unbesiegt. Wir machen noch kurz das Victory-Zeichen in die Fankurve und werden dann in den Armen unserer Teamärzte ohnmächtig, während wir flüstern: »Sagt... sagt dem Trainer, ich habe alles gegeben.« Ich kann Ihnen versprechen, dass jeder Mann diese Fantasie kennt.

Frauen nehmen all das als Wehleidigkeit wahr, doch spricht aus dem kranken Mann letztlich eine große Enttäuschung darüber, dass diese Maschine, die wir ins Fitnessstudio schleppen, morgens rasieren und tagsüber füttern, einfach kaputtgeht. Wir sind verraten worden von unserem Körper, dieser undankbaren Sau. Der Grund kann deshalb gar nicht so etwas Triviales wie ein Schnupfen sein, es muss sich um ein Spezialleiden handeln. Die Titanic wurde schließlich von einem gewaltigen Eisberg versenkt und nicht von einem zufällig im Nordatlantik treibenden rosa Plastikeimer. Ich habe immer Angina, nie Halsschmerzen, ich habe immer Bronchitis, nie Husten.

Ich erinnere mich genau an das dumpfe Gefühl der Enttäuschung und des Betrugs, als ich vor vier Jahren während einer Afrikareise krank wurde, ein Arzt am Flughafen sagte, es könne Malaria sein, und wie mein deutscher Hausarzt zurück in Berlin dann erklärte: »Nö, also das ist, glaube ich, einfach eine Erkältung.« Er hat mir damals nicht mal ein Antibiotikum verschrieben, diese Schweinebacke. Ein irrationaler Teil in mir jubelt jedes Mal, wenn ich ein Antibiotikum bekomme. Denn dann ist wenigstens klar, wir gehen hier gemeinsam durch die Todeszone.

Wobei ich zugeben muss, dass ich in medizinischen Fragen ein Spezialfall bin. Denn meine Mutter ist eine mittlerweile

Vielleicht bekomme ich ja auch eines Tages einfach mal nur eine Frauenerkältung.

pensionierte Krankenschwester, die es liebte, mich und meine Brüder mit Medikamenten zu füttern, so als leite sie die rumänische Ringerauswahl für die Olympischen Spiele. Mama war und ist der Pablo Escobar von Ostwestfalen, was die Mengen an verschreibungspflichtigen Medikamenten betrifft, die sie in ihrer Rentnerwohnung hortet. Ich habe aus dieser Chemiekeulen-Kindheit das Gefühl mitgenommen, dass Medikamente, in denen die Silbe »tox« nicht vorkommt, letztlich Schlappschwanzpillen für Feiglinge sind und Meerwassernasenspray-Benutzer Menschen, die abends in einer Bar eine lauwarme Fanta mit Strohhalm bestellen. Feiglinge und Beipackzettel-Leser, die sich schämen sollten.

Na ja. Vielleicht bekomme ich ja auch eines Tages einfach mal nur eine Frauenerkältung. Ich werde morgens eine Aspirin nehmen, mir leise die Nase putzen und am Wochenende für einen halben Tag elegant auf dem Sofa liegen: geduscht, Ingwerbonbons lutschend, *Downton Abbey* guckend, Urlaubsziele googelnd. Ich werde auf diese elegante und für Männer rätselhafte Frauenart krank sein, Lounge statt Feldbett, nirgends liegen alte Taschentücher herum. Ich werde meine Mutter nicht anrufen müssen, um mir bestätigen zu lassen, dass ich überleben werde. Eine Stimme aus der Küche wird rüberrufen: »Ist nur ein Schnupfen, oder?« Ich werde lächeln. Und antworten: »Ich weiß.«

Sie sagt: Männer hassen Ärzte, Frauen nicht, wenn im Wartezimmer eine aktuelle Lesemappe liegt. »Heidi Klum? Über die lese ich nur beim Arzt« ist ein Satz, den kein Mann je sagen würde. Männer leiden gern dramatisch, Frauen leiden diskret. Da sitzt, nein, da liegt er vor mir, auf dem Sofa, ein Bild des Jammers. Bis auf den Riesenschal, den mein Ehemann geradezu herausfordernd um seinen Hals geschlungen hat, bis auf sein leises: »Bitte zieh die Vorhänge zu, ich kann jetzt kein Licht ab, und holst du mir bitte noch eine zweite Decke?« sieht er eigentlich ganz normal aus. »Was ist denn?«, frage ich. »Das siehst du doch«, krächzt er und deutet auf den Schal, »mich hat's erwischt.« Ich seufze. In einer Umfrage der *Apotheken Umschau* zur Frage: »Was nervt Sie an Ihrem Partner am

> **Männer leiden gern dramatisch,
> Frauen leiden diskret.**

meisten?« landete Wehleidigkeit auf Platz eins, auf Platz zwei stand Verschlossenheit. »Und zwar so richtig«, setzt mein

Mann nach, damit ich nicht auf die Idee komme, seinen für alle, nur für mich nicht sichtbaren Gesamtkörperkrebs im letzten Stadium womöglich für einen einfachen Schnupfen zu halten. »Soll ich den Notarzt rufen oder fahren wir gleich auf die Intensivstation?«, frage ich, aber dem schwerkranken Mann auf meinem Sofa ist im Moment nicht nach Scherzen zumute. »Eine Florence Nightingale bist du leider nicht«, stöhnt er und schließt die Augen, hoffentlich nicht zum letzten Mal.

Ich weiß natürlich, was jetzt von mir, der liebenden, dazu kerngesunden Gefährtin erwartet wird und bin proaktiv genervt: mütterliche Fürsorge vom Allerfeinsten, Hühnersuppe, auf den Punkt temperiert, Kissenaufschütteln, Fernbedienung-in-die-Hand-Drücken, aber auf keinen Fall sagen: »Ich denke, du bist schwerkrank«, wenn eiskaltes Bier und fette Wurst verlangt werden oder der Fast-Verstorbene um drei Uhr nachts Formel 1 guckt. Männer, das weiß jede Frau, die einen hat, sind auf eine ganz besondere Art krank, die mit ihrer eigenen nichts, aber auch gar nichts zu tun hat. Männer sind immer richtig krank, Frauen nur ein bisschen. Frauen kränkeln wie Angela Merkel, diskret, vernünftig, weitestgehend jammerfrei. Männer dagegen wie Heidi Klum, dramatisch, leicht zickig, extrem wartungsintensiv. »Das Ausmaß unseres Leidens darf nicht heruntergespielt werden«, bringt es Jürgen von der Lippe in einem seiner Bühnenprogramme auf den Punkt. »Wenn Männer ihre Tage hätten, würden sie sich nicht mit einer schlichten Always Ultra begnügen. Wir hätten eine halbe Matratze in der Hose. Damit man es sieht!

Und unsere Tampons hätten wir nicht unauffällig im Handtäschchen, dafür hätten wir einen eigenen Patronengurt.«

Mediziner sprechen vom männlichen »Todesschnupfen« und meinen damit den inneren Drang von eigentlichen Kerlen, jedes noch so winzige Wehwehchen, so winzig, dass Frauen es an sich selbst gar nicht bemerken, geschweige denn

Mediziner sprechen vom männlichen »Todesschnupfen«.

öffentlich darüber jammern würden, aufzublasen wie einen Luftballon. Und selbst, wenn sie es bemerken, Frauen haben einfach nicht das Bedürfnis, in die Welt zu posaunen: »Ich habe Blähungen, mir sitzt ein Furz quer, aber es könnte auch ein tödlicher Reizdarm sein, ich hab die Spezialisten schon gegoogelt.« Männer wollen in ihrer delikaten Befindlichkeit öffentlich wahrgenommen werden, Frauen greifen still zur Tablette. Was daran liegen soll, dass kleine Jungs als Babys weniger auf den Arm genommen und getröstet werden als kleine Mädchen. Ein blutiges Knie oder einen fiesen Splitter auf dem Spielplatz geholt? Klein-Leonie darf auf den Schoß und heulen, bis der Arzt kommt, Klein-Emil dagegen wird ins Ohr geflüstert: »So schlimm ist das nicht, Mama pustet jetzt das Aua weg, und du bist ganz tapfer.« Und wehe, Klein-Emil weint nach dem Pusten weiter. Ist es da ein Wunder, dass sich große Männer später das holen, was ihnen als kleinen Männern verwehrt wurde? Mütterliches Trösten, ein Becher mit Kakao, ein Bananenbrot, Aufmerksamkeit und ein Aua-Wegpusten, so lange man will? Vielleicht ist an der männlichen

Wehleidigkeit auch ihr Immunsystem schuld, denn das, so eine Studie der Queen Mary University in London, reagiert im Gegensatz zum weiblichen weniger schnell und effizient auf Infekte.

Natürlich – denn zwei Seelen schlagen in der maskulinen Brust – gibt es auch das Kontrastprogramm: den tapferen Cowboy, der sich seinen gebrochenen Arm lieber selber schient, als damit zum Arzt zu gehen. Der einen wackligen Zahn mit einem: »Na, komm schon!« rausreißt, der sich in späteren Jahren eine neue Hüfte einsetzen lässt und lieber schmerzverzerrt zur Toilette humpelt, als sich von der hübschen Schwesternschülerin eine Bettpfanne unter den Hintern schieben zu lassen. Vor einem haben übrigens alle Männer, Weicheier und Cowboys, am allermeisten Angst – vor einem Besuch beim Urologen. Vor einer Prostatauntersuchung. Schlimmer als Zähneziehen, Erektionsstörung, Steuerprüfung und plötzlicher Haarausfall gleichzeitig. Warum das so ist, bleibt Frauen, die sich regelmäßig von einem gartenschlauchdicken Spekulum aufspießen lassen und dabei entspannt mit

> Natürlich gibt es auch das Kontrastprogramm:
> den tapferen Cowboy, der sich seinen
> gebrochenen Arm selber schient.

ihrem Gynäkologen über das Wetter plaudern, bis heute unerklärlich. Vielleicht sind Männer auch einfach nur sensibler als wir. Das schwächere Geschlecht. »Außen hart und innen ganz weich«, wie Herbert Grönemeyer singt.

Deshalb sollten wir sie einfach nur liebhaben und ihnen eine Hühnersuppe kochen. Vielleicht sind sie dann sogar kräftig genug, ihre Bierkisten selbst in den fünften Stock zu tragen. Wenn sie nicht gerade auf der Intensivstation liegen. Wegen Gesamtorganausfall.

Das Experten-Interview: Frauenhusten und Männergesamtkörperkrebs

Ja, wir leiden unterschiedlich, weiß Privatdozentin Dr. Andrea Kindler-Röhrborn, Universitätsklinikum Essen, die sich seit Jahren mit dem Thema Gendermedizin beschäftigt. Männer können nichts dafür, dass sie solche Weicheier sind.

Was genau ist Gendermedizin?
Die Gendermedizin beschäftigt sich mit dem unterschiedlichen Auftreten und der unterschiedlichen Ausprägung von Krankheiten bei Männern und Frauen. Beide Geschlechter entwickeln bei bestimmten Erkrankungen unterschiedliche Symptome und sprechen unterschiedlich auf Therapien an. Mein Fach ist die experimentelle Krebsforschung.

Stimmt es, dass Männer ein höheres Krebsrisiko haben als Frauen?
Ja. Von den Reproduktionsorganen von Mann und Frau einmal abgesehen, entwickeln sich je nach Literaturquelle beim Mann 1,4- bis 1,8-mal mehr Tumore als bei der Frau.

Das liegt vermutlich daran, dass sie mehr rauchen, trinken,
fetter essen, sich weniger bewegen und nur zur Vorsorge
gehen, wenn ihre Frau sie dahin prügelt, oder?
Stimmt, aber es gibt auch biologische Gründe. Das höhere
Risiko bei Männern ist auch genetisch bedingt.

Wenn ich eine Erkältung habe, ist die in drei Tagen weg,
bei meinem Mann dauert es viel länger. Dann liegt er auf
dem Sofa und leidet. Übertreibt der Gute oder ist er wirklich
krank?
Er ist wahrscheinlich wirklich krank. Frauen haben nämlich in
vieler Hinsicht ein eindeutig effektiver arbeitendes Immunsystem, das jedoch überschießen und Autoimmunkrankheiten wie
MS oder Lupus verursachen kann.

Dafür kriegen wir wenigstens weniger Herzinfarkte und
Schlaganfälle.
Da haben Frauen leider die Männer inzwischen fast eingeholt.
Aber dafür sind die im Alter oft auf Grund einer Osteoporose
gebrochenen Hüften (Schenkelhalsfrakturen) bei über 65-Jähri-
gen zu einem Drittel männlich. Emanzipation auf beiden Seiten also.

Welche Krankheiten erkennen die Ärzte oft zu spät, weil sie
geschlechtsabhängig auftreten?
Das ist immer noch der Herzinfarkt bei Frauen, weil der sich
oft mit Bauchschmerzen, Übelkeit und Erbrechen und nicht,
wie bei Männern, mit Schmerzen im Arm ankündigt. Warum,
weiß kein Mensch. Bei Männern wird oft eine Osteoporose

nicht erkannt, weil diese als »Frauenkrankheit« gilt. Und Brust-krebs, bei Männern sehr selten, wird oft viel zu spät erkannt, weil die Möglichkeit von den Ärzten nicht in Betracht gezogen wird. Darüber hinaus finden Männer es oft peinlich, unter lau-ter Frauen zur Mammographie zu gehen.

Müssten Männer und Frauen verschiedene Medikamente nehmen, und sind unsere Ärzte entsprechend geschult?
In einigen Fällen ja. Aber die Kenntnisse der klinisch tätigen Ärzte sind in dieser Hinsicht noch unterentwickelt. Dazu kommt, dass die Dosen von Standardmedikamenten oft nicht an das geringere Gewicht von Frauen angepasst werden. Der Stan-dardpatient ist männlich und wiegt 75 kg. Frauen mit einem niedrigeren Gewicht werden so natürlich krass überdosiert.

14

Na sauber – Das putzende Paar

Sie sagt: Ich bin nicht mehr die Jüngste, deshalb ist auch mein Männerbild schon etwas rostig. Rostig, aber im Wesentlichen unverändert. Mein Vater war Alleinverdiener und hat in seinem Leben noch nie ein Ei gekocht. Er mit einem Wischlappen im Badezimmer, so unvorstellbar wie Angela Merkel in einem Nagelstudio. Putzen, Waschen, Bügeln, Kochen, Abwaschen, Aufräumen, das war in meiner Kindheit und Jugend immer Frauensache. Ein Mann mit Schürze war höchstens am Grill keine Peinlichkeit mit Schlappschwanz-Aroma. Und die Küche betrat ein richtiger Mann nur mit der Frage: »Sag mal, ist noch Bier im Kühlschrank?«

Als ich ein paar Jahre später mein Jugendzimmer gegen diverse WG-Zimmer eintauschte, lösten sich Begriffe wie Sauberkeit und Ordnung für ein paar Jahre einfach auf. Nie wieder vor- und nie wieder nachher war mir beides so abgrundtief gleichgültig. Störten mich weder dicke, fette Staubwolken und Essensreste unter Tisch und Bett, noch grauschlierige Ränder in der gemeinsamen WG-Wanne, in die ich, fast immer leicht bekifft oder verkatert, frisches Wasser einlaufen ließ oder einfach in das noch warme meines Vorbaders hineinstieg. Niemand wischte irgendwelche Toiletten sauber, niemand räumte irgendetwas weg. Es herrschte absolute Gleichberechtigung in der gemeinsamen Verweigerung. Ordnung und Sauberkeit, das war etwas für Spießer, so wie Sofakissen mit Knick, Jägerzaun, Gartenzwerg und Usambaraveilchen auf dem Fensterbrett.

Aber irgendwann begreift auch der lässigste Jungmensch, spätestens in seiner ersten eigenen Wohnung, dass sich Schmutzwäsche, die man auf den Boden schmeißt, nicht von selbst erhebt und in Richtung Waschmaschine bewegt. Dass Essensreste auf Tellern ganz fies verkrusten, wenn man sie nicht abspült. Dass es müffelt, wenn man nicht lüftet. »Ich hab es schon gern ordentlich, ich räum nur nicht gern auf«, sagt

> Als wir uns kennenlernten, saugte er Staub,
> putzte die Toilette ohne ein »Wieso? Die
> ist doch noch sauber« und bezog sogar
> die Betten regelmäßig.

meine Tochter heute sonnig, wenn ich durch den Bodensatz wate, der sich immer dann in Sekundenschnelle ansammelt, wenn sie in ihrem alten Kinderzimmer übernachtet. Da habe ich eindeutig in der Erziehung versagt. Genauso wie bei meinem Mann, was umso ärgerlicher ist, als ich ihn von meiner Vorgängerin. »stubenrein« und erstaunlich alltagskompatibel übernommen habe. Jeden Samstag hatten sie die Hausarbeit aufgeteilt, und zwar fifty-fifty, denn seine Ex ist beruflich strenge Arbeitsrichterin und bestand auf Gleichheit. Als wir uns kennenlernten, saugte er Staub, putzte die Toilette ohne ein »Wieso? Die ist doch noch sauber« und bezog sogar die Betten regelmäßig. Mit anderen Worten: hausfraulich ein Traummann!

Ich weiß nicht, was ich falsch gemacht habe, vermutlich hat mein Mann instinktiv gespürt, dass ich ein konfliktscheues Weichei bin, auf jeden Fall hat er zum letzten Mal vor über 20 Jahren unser Klo geputzt. Ich bin mir noch nicht einmal sicher, ob er inzwischen, auf mein Drängen hin, endlich im Sitzen pinkelt, er verweigert zu diesem Thema einfach die Aussage mit den Worten: »Ich frag dich ja auch nicht, ob du im Stehen oder Sitzen pinkelst.« Unsere Aufteilung, was den Haushalt betrifft, hat sich im Laufe unserer ehelichen Langstrecke auf, konservativ geschätzt, 90/10 eingependelt. Klartext: ich mache alles, er kauft immer dann ein, wenn die Bierkiste leer ist. Dann kauft er eine neue, klingelt, ruft ein fröhliches »Die Kiste steht vor der Haustür!« durch die Gegensprechanlage und fährt mit dem Auto weiter.

Ich weiß, ich weiß, mein Fehler! Vor allem meine Ungeduld. Weil es mir oft nicht schnell genug ging. Am Bügelbrett zum Beispiel. »Sag mal, wie lange brauchst du, um ein Hemd zu bügeln?« Wenn Männer diese oder ähnliche Fragen hören, reagieren sie entweder mit einem Achselzucken und bügeln schweigend weiter. Oder sie sind so schlau und erkennen das spezifisch weibliche Unvermögen, im Haushalt ein anderes Tempo oder eine andere Handschrift zu tolerieren als ihre eigene, und sie nutzen es. Dann sagen sie: »Mach du es doch, wenn du es besser kannst«, legen das Eisen aufs Brett und bügeln nie wieder.

Der Mann als solcher ist eben nicht haushaltsaffin, mit inzwischen zwei Ausnahmen: Kinderaufzucht und Kochen. Er wechselt sogar volle Windeln und kocht oft besser als seine Frau. »Du hast es gut«, sagen eingeladene Ehefrauen, »meiner hat kürzlich ein rohes Ei in die Mikrowelle gelegt.« Dass der Koch die Küche in einem Zustand hinterlässt, der seine Gefährtin, während er längst schlummert, bis in die frühen Morgenstunden beschäftigt, sieht ja keiner. Und ja, hier spricht eine Betroffene.

Natürlich gibt es ihn auch, den sogar heterosexuellen Mann, der sich gern im gemeinsamen Haushalt nützlich macht, der ungefragt die Spülmaschine ausräumt, der Kaschmirpullover nicht bei 95 Grad kocht und seine Schmutzwäsche nicht vor, sondern in den Wäschepuff wirft, aber er lebt vermutlich in Timbuktu. Die meisten Männer haben zu Schmutz und Unordnung in ihrer häuslichen Umgebung ein tiefenentspanntes Verhältnis – entweder man nimmt diese gar nicht wahr oder sie stören einen nicht. Welche Frau kennt ihn nicht, den Satz: »Was hast du denn, sieht doch alles tipptopp aus?«, wenn

Die meisten Männer haben zu Schmutz und Unordnung ein tiefenentspanntes Verhältnis.

sie müde nach Hause kommt und ihre Küche einer Verkehrskreuzung gleicht, auf der es zu einer Massenkarambolage gekommen ist. Frauen haben einfach genetisch den schärferen Blick für Staub, Klebriges, dringend Waschbedürftiges, Chaotisches. Sie sehen die verkrumpelte Unterhose unter dem Bett, den spackigen Herd, die verklebte Krümelleiste hinter der

Brotdose. Männer sehen so etwas nicht, was nicht an einem universell männlichen Augenfehler liegt, sondern einfach daran, dass es sie nicht stört. Junge Männer, die zum ersten Mal allein wohnen, wechseln ihre Bettwäsche NIE. Sie vergessen es. Auch, wenn Laken und Bezug bereits steif vor Schmutz sind. Auch, wenn sie Besuch haben. Weiblichen Besuch. Es sei denn, dieser rümpft bereits beim Vorspiel die Nase und ruft: »Liegt das an meiner Nase, oder riecht es hier wie in einer Zoohandlung an einem heißen Sommertag?« Aber selbst dann würde ein junger Mann nicht auf die Idee kommen, dass seine Bettwäsche tierisch riecht – er versprüht dann eher Deo, oder macht die Musik beischlaf-affiner.

Wenn Mann und Frau zusammenziehen, erwartet diese also ein geradezu herkulinischer Erziehungsauftrag. Wenn sie

Ganz wichtig: den eigenen Perfektionismus mit Schwung über Bord werfen!

nicht, bis dass der Gattenmord sie scheidet, mit einem »Hol mir mal 'ne Flasche Bier«-Typ leben will, muss sie, noch bevor dieser seine erste Umzugskiste auspackt, auf strenger Haushaltsaufteilung bestehen. Und diese vor allem auch konsequent durchsetzen. Das ist superanstrengend, aber eine gute Übung für später, wenn hochpubertierende Jugendliche in Müllhalden chillen, die zu besseren Zeiten liebevoll dekorierte Kinderzimmer waren. Ganz wichtig: den eigenen Perfektionismus mit Schwung über Bord werfen! Das gilt für Pubertätsmonster genauso wie für Ehemänner. Wer sich darüber aufregt, dass ein Hemd auch nach dem Bügeln noch Knitterfalten hat, dass der Mann nicht gründlich, sondern »runde Ecken« wischt oder man nach seiner Fensterreinigung vor lauter Schlieren gar nichts mehr sieht, der bleibt eben die fröhliche Familienputze. »Das bisschen Haushalt« sang Johanna von Koczian anno 1977. Damals wie heute ein Riesenhit. Jedenfalls bei Männern.

Er sagt: Ich möchte kurz ein Licht in der Dunkelheit anzünden und Sie ins Seeleninnere des putzenden Mannes führen. Ich muss dazu einen kleinen Anlauf nehmen: Tief drinnen denkt jeder Mann, dass er eine große Zahl von Spezialbegabungen hat. Dass er ein Profi ist. Der durch die Ungerechtigkeit des Lebens nie einen Platz auf der großen Bühne gefunden hat. Wir sind verhinderte Spitzensportler, verkannte Pornodarsteller, Sonnenbrillen tragende Flugzeugträgerkapitäne, die den ganz großen Angriff befehlen. Ich selbst sah mich jahrelang als potenzieller »Nur die Liebe zählt«-Moderator und habe auch immer gedacht, dass ich zumindest eine Chance als Rammstein-Background-Girl verdient gehabt hätte.

Also: Männer träumen vom erstens donnernden und zweitens verdienten Applaus aus der Fankurve. Alle. Für Frauen klingt das nach Egomanie, Männer nennen das Selbstbewusstsein. Putzen – das scheint für ein Ego, das ja eigentlich immer für Höheres bestimmt war und unter sich immer den Feldherrenhügel spürt, trivial und fummelig. Es bringt zu wenig Sozialprestige. Und hier liegt der Schlüssel. Männer suchen sich deshalb nur genau die Haushaltsjobs raus, für die es maximale Schulterklopfer gibt. »Du bist ein sehr, sehr geiler Koch.« Das klingt im Männerohr einfach viel stimmiger als: »Du bist diese Woche dran, den Staub von diesem dicken Rohr zu putzen, das das Klo mit der Wand verbindet und an das man so schwer rankommt.« Männer putzen nicht um der Sauberkeit willen. Sondern um dafür gelobt zu werden.

Männer suchen sich nur genau die Haushaltsjobs raus, für die es maximale Schulterklopfer gibt.

Meine Freundin, die auf eine ziemlich nervige Art gleichberechtigt ist, hat dafür das Wort Scheinreinlichkeit erfunden. Ich will nicht prahlen, aber ich bin auf diesem Feld das, was James Bond für die Welt der Geheimagenten ist, nämlich einfach unschlagbar. Ich kann in drei Minuten eine dreckige Küche aufräumen, indem ich sehr schöne Stapel mache und die Sachen so umdekoriere, dass die Küche zwar immer noch total dreckig ist, aber im ganzen tipptopp aussieht. Der Effekt ist besonders stark, wenn man einen Spritzer Aqua di Parma in den Raum sprüht und das Licht etwas dimmt. Ich überrasche jetzt wahrscheinlich niemanden mit der Information, dass es in der Wohnung, in der ich mit meiner Freundin wohne, dank mir sehr viele Dimmer gibt.

Meine Freundin, eine Frau mit einer extrem steilen Lernkurve, hat die Zusammenhänge der Männerseele mittlerweile leider durchschaut. Sie verweigert mir jeden Applaus für eine scheinreinliche Küche; sie lobt mich aber sogar für Haushaltstätigkeiten, die ein dressierter, einbeiniger Schimpanse auf die Reihe bekäme. »Wow, du hast aber schnell den Müll runtergebracht! Du bist aber auch einfach in extrem guter Form, kommt das vom Gewichteheben?« Oder: »Hossa, hast du die Wasserkisten allein getragen, das könnte ein durch-

Sätze wie diese fühlen sich an, als würde meine Seele mit warmer Sonnenmilch eingerubbelt.

schnittlich starker Mann alleine ja gar nicht?!« Sätze wie diese fühlen sich an, als würde meine Seele mit warmer Sonnenmilch eingerubbelt. Ich gebe zu, dass das dieselbe Art von manipulativem Einschmierlob ist, mit dem meine Freundin unseren Sohn zum Zähneputzen animiert. Lob, das eigentlich für Vierjährige gemacht ist, die Gespräche mit den Worten »Ich muss Kacka« beginnen. Aber das Lob funktioniert, sowohl bei mir als auch bei unserem Sohn. Schließlich ist er bereits – ein kleiner Mann.

15

Prost Mahlzeit – Warum Männer anders essen als Frauen

Sie sagt: Da ich in einer Zeit aufgewachsen bin, in der es noch Wählscheiben, Laufmaschendienste und selbstgeschriebene Briefe gab, war auch Fleischessen für Männer eine Selbstverständlichkeit. Ein vegetarischer, gar veganer Mann – unvorstellbar. Mein Vater erwartete abends, wenn er müde von der Arbeit kam, ein Stück Fleisch mit Kartoffeln und Alibigemüse, und da es meist ein Schweinekotelett war, wartete ich geduldig hinter seinem Stuhl, bis er den halb abgenagten Knochen an mich weiterreichte. Das klingt jetzt ein bisschen wie Armenhaus in Afrika, aber ich empfand es nicht so. Es war mein Schönstes, den Knochen so blank zu lutschen, bis auch wirklich jedes Fitzelchen Kotelett verschwunden war. Der Mann bekam das Kotelett, das Mädchen den abgenagten Knochen – damals gab es eben noch keine Frauenquote für Fleischesser.

Dass Männer und Fleisch symbiotisch sind, bestätigte sich, als mein kleiner Sohn, noch in Windeln, an jeder Wurstheke so lange krakeelte, bis er ein Wiener Würstchen in der kleinen Faust hatte. Der selige Blick, wenn er den Zipfel abbiss, das genüssliche Schmatzen – so sieht tiefe Zufriedenheit aus. Das Gegenteil fühlten meine Schwestern und ich dagegen an den verhassten Obsttagen meiner Mutter. Sie aß Obst, wir würgten an Ungenießbarem, denn wenn sie Diät machte, hatte sie schlechte Laune und gab sich beim Kochen keine Mühe. Das jedenfalls hat sie später zugegeben.

Der fleischfressende Mann und die Diätmaus – das war einmal. Als Männer noch Autoreifen flicken und nicht nur Apps herunterladen konnten. Ein richtiger Mann aß richtiges Fleisch. Kein Tofu. Keine Sojasprosse. Nur im Notfall Nudeln mit Tomatensauce. Ehemänner und Väter kriegten selbstverständlich das größte Stück vom Braten. Sie ernährten schließlich auch die Familie, sie »stopften die Mäuler«, wie es so schön hieß. Dafür brauchten Männer Kraft. Heute gehen sie immerhin zum Krafttraining.

Es gibt nur ein einziges Refugium, wo sich Männer noch wie Don Draper fühlen dürfen – am Grill. Und zwar nicht

**Der fleischfressende Mann und die Diätmaus –
das war einmal.**

am Elektro-, sondern am schönen, alten Kohlegrill. Glühende Kohlen, beißender Qualm, lecker angekohltes Fleisch – und dazu ein eiskaltes, frisch gezapftes Bier. Männerglück. Fast so schön wie Ravioli aus der Dose vor der Sportschau.

Und sonst? Sieht es für den Mann von gestern trübe aus. Denn Essen ist kein Genuss mehr, sondern Riesenthema. Nicht mehr lust-, sondern angstbesetzt. Haufenweise Allergien, Unverträglichkeiten, Bauchschmerzen, Völlegefühl, Umweltgifte. Ganz oben auf der Gruselliste, direkt hinter Fett, Zucker und Gluten – rotes Fleisch. Das mit den Augen. Frauen essen es schon lange nicht mehr, Männer nur noch heimlich. Es sei denn, sie haben eine kulinarisch entspannte Ausnahmefrau, die ihr Steak auch am liebsten blutig mag. Aber so viel Glück hat nicht jeder.

Die alte Frage: Wann ist ein Mann ein Mann? Und worin unterscheidet er sich von der Frau? In der Küche ist sie leicht zu beantworten. Denn dort hat sich der moderne Mann seit einiger Zeit breitgemacht. Er kocht, aber keine Muttiküche für hungrige Schulkinder, die überlässt er, wie der Name schon sagt, der Mutti. Wenn Vati kocht, dann auf höherem Niveau. Dann für Publikum. Dann keine familienfreundliche Lasagne, sondern Wachtelbrüstchen in Kastanienschaum mit karamellisierten Karotten und Cashewmus. Sein Küchenfuhrpark hat

Wenn Vati kocht, dann auf höherem Niveau. Dann für Publikum.

vierstellig gekostet, der Thermomix für rund 1000 Euro ist bestellt. Dass seine Partnerin/Küchensklavin alles eingekauft, nach seinen Anweisungen klein geschnippelt, Salat und Dessert zubereitet hat – Kleinigkeiten, die nicht erwähnt werden müssen. »Du bist wirklich zu beneiden«, sagen die Gäste zur Ehefrau, der Mann lächelt bescheiden und geht sofort ins Bett, wenn der Letzte sich verabschiedet hat. Die Frau steht seufzend im Küchenchaos und macht alles wieder sauber. Sie braucht dazu kein teures Gerät, auch keinen Mann, der sagt:

»Ganz toll, wie du das wieder machst, mein Schatz, ich bin stolz auf dich.« Sie macht einfach.

Genau das ist der Riesenunterschied. Männer machen nie einfach etwas. Sie brauchen teures Equipment, sie brauchen Publikum, sie brauchen Anerkennung. Für alles. Immer. Auch im Rollator mit drei quergekämmten, grauen Haaren auf dem Kopf brauchen sie die Mami, die zu ihnen sagt: »Du bist ein ganz, ganz Toller.« Hat ja auch was Niedliches.

Was Männer dagegen HASSEN, sind Frauen, die im Restaurant von ihren Tellern picken. Die »Darf ich mal probieren?« fragen und beim »pro…« schon mit ihrer Gabel ein Stück Fleisch weggepikst haben. Scheidungsgrund! Auch wenn sie nur »Das sieht ja lecker aus« sagen und dabei auf den Nachbarteller schielen. Männer schieben dann sofort ihren Teller weg oder legen die Hand darüber. Wenn Frauen unter sich sind, kein Problem. Wir tauschen, wir geben ab, wir klauen. Wir bestellen heiße Schokoladentarte mit vier Löffeln und finden das ganz normal. In Männerrunden undenkbar.

Wenn ein Mann Pasta mit Scampi bestellt, dann sagt er: »Einmal Pasta mit Scampi, bitte.«

Wenn eine Frau einen Salade niçoise bestellt, dann sagt sie: »Bitte einmal den Nizzasalat, aber bitte ohne Oliven und Anchovis, und ist der Thunfisch auch regional und nachhal-

Männer sind die wesentlich entspannteren Esser.

tig? Und könnte ich statt Tomaten lieber Paprika bekommen? Dafür lieber keine Eier.« Für Männer ist so eine Bestellung genauso gruselig wie Damenbart mit Kinnwarze. Sie sind die wesentlich entspannteren Esser. Wenn sie Hunger haben, essen sie den Brotkorb leer, ohne die vorauseilende »Dann hab ich ja später keinen Appetit mehr«-Übervorsicht, die Frauen oft davon abhält. Männer haben sowieso nie Appetit, sondern immer gleich richtigen Hunger. Und dann bestellen sie auch, worauf sie Lust haben, während Frauen, wenn ihre Freundin zum Kellner sagt: »Für mich heute nur eine kleine Portion gedämpften Brokkoli ohne alles«, sich nie trauen würden, »Ich bitte die Sahnenudeln und vorher die Gemüsequiche und nachher Eis mit Eierlikör« zu bestellen. Weil eine Frau sich dann dick, hemmungslos und unsolidarisch fühlt. Also seufzt sie: »Für mich bitte auch«, und hofft, dass keiner hört, wie gereizt dabei ihr Magen knurrt.

Männer denken nach dem Essen auch nie, wie dick jetzt ihr Bauch ist, weil sie gerade so schlimm gesündigt haben. Sie rülpsen, sie verdauen, sie denken gar nichts. Und das ist auch gut so.

Ich schreibe es ungern, aber was das Essen angeht, können wir Frauen uns an den meisten Männern ein Beispiel nehmen.

Das Experten-Interview:
Milchschaum und Schnitzel

Ralph Larouette, Exmodel, reifere Leserinnen erinnern sich an seinen nackten Hintern aus der PETRA-Kinowerbung, ist seit 1999 Besitzer des Szenelokals 3 TAGESZEITEN und beobachtet dort täglich die skurrilsten Essgewohnheiten.

Stimmt das alte Vorurteil, dass Frauen am liebsten Salat essen und Männer am liebsten Fleisch?

Im Großen und Ganzen ja. Frauen lieben Salat mit Ziegenkäse oder einer kleinen, warmen Beilage wie Gambas oder Hühnchen, das Lieblingsgericht der Männer ist unser tellergroßes Schnitzel. Dazu trinken sie am liebsten ein großes Bier, Frauen ziehen Schorle, Wein oder Saft vor. Oder einen gesunden Pfefferminz- oder Kamillentee, damit kann man die meisten Männer jagen.

Frauen sind ja süchtig nach Latte macchiato – Männer auch?

Nein, Latte macchiato ist Frauensache. Am liebsten mit ganz viel Schaum, der oft nachbestellt wird. Frauen trinken ihn oft vor dem Essen und rühren dann stundenlang mit dem langen Löffel drin herum, während sie sich mit ihrer Freundin über Gott und die Welt, vor allem natürlich über Männer, unterhalten. Das ist so ein typisches Frauenritual, das ich bei Männern noch nie beobachtet habe.

Reden Frauen beim Essen mehr als Männer? Ich habe jedenfalls beobachtet, dass an Frauentischen viel mehr gequatscht wird. Vor allem viel lauter.

Richtig beobachtet. Frauen können stundenlang plaudern und dabei völlig die Zeit vergessen, Männer treffen sich gezielt, in einer Stunde haben sie gegessen, über Business, Politik oder Autos geredet. Frauen haben andere Themen, sie reden über Beziehungen, Gefühle, jedenfalls nie über Autos. Allgemein kann man sagen, dass Frauen viel mehr über Männer reden als umgekehrt.

Frauen picken gern bei Männern vom Teller, was diese
meistens hassen. Ist das so ein bisschen wie ins Revier
pinkeln?
Darüber hab ich noch nie nachgedacht, könnte sein. Männer
geben übrigens mehr Trinkgeld als Frauen, egal, ob sie von
einem Mann oder einer Frau bedient worden sind. Sie sind
einfach großzügiger.

Frauen bestellen oft sehr umständlich, mit vielen
Extrawünschen. Wie bestellen denn Männer?
Ein Schnitzel, bitte.

16

Flachgelegt – Männer und Frauen in der Hochzeitsnacht

Er sagt: In der Hochzeitsnacht haben Paare den allerbesten Sex ihres Lebens. Pause. Pause. Genau. Und Hitler lebt am Nordpol, der Mond besteht aus dänischem Weichkäse und Papa hat gerade nicht laut gepupst, das war das Geräusch einer Brüllmücke, die lautstark durchs Zimmer gebrummt ist. In Wahrheit haben 52 Prozent aller Paare in der Hochzeitsnacht nicht nur nicht den besten Sex ihres Lebens – sondern gar keinen Sex, so eine britische Studie aus dem Herbst 2013. Okay, Engländer sind vielleicht auch einfach bei ihrer eigenen Hochzeit zu angeschickert und im Single-Malt-Whisky-Swing, um noch zu erotischen Großtaten fähig zu sein. Deshalb: Hier das Ergebnis einer schamlos offenen Umfrage zum Thema »Sex in der Hochzeitsnacht« in meinem Hamburger und Berliner Freundeskreis. Und bei meinem großen Bruder in Bielefeld.

Stulli, seit 2004 verheiratet: »Steffi (seine Frau, Anm. d. Verf.) hat bei unserer Hochzeit trotz ihrer Laktose-Allergie Torte gegessen. Und nachts zweimal gekotzt. Aber das hat sie mir erst am nächsten Morgen erzählt; ich hab nichts mitgekriegt, ich war zu müde. Die Feier war übrigens toll, wir hatten den alten DJ aus unserer Bielefelder Dorfdisco gebucht. Super. Was war nochmal die Frage?«

Felix, seit 2010 verheiratet: »Wir hatten natürlich Sex. Ich glaube, dass wir Sex hatten. Also ich hatte auf jeden Fall Sex, in der Dusche, oder war das am Morgen danach? Eher Allein-sex, wenn du weißt, was ich meine. Oder ich hatte keinen Sex. Mann, ich weiß das nicht mehr.«

Silke, seit 1999 verheiratet, dreifache Mutter: »Die Kinder haben in der Nacht mit bei uns im Bett geschlafen. Noch Fra-gen?«

Judith, seit fünf Monaten verheiratet: »Wir hatten Sex, mor-gens, vor der Hochzeit, abends hätte ich Geld bezahlt, um kei-nen Sex haben zu müssen, so im Eimer war ich. Wir waren um fünf im Bett und haben statt Sex noch eine Folge ›How I Met Your Mother‹ geguckt, das war's.«

Einer meiner beiden großen Brüder (der Feigling will sei-nen Namen nicht genannt haben): »Wir hatten Sex, aber eher das Standardprogramm.« Nachfrage: Das bedeutet? »Okay, wir hatten keinen Sex.« Seine Frau, von mir am Telefon befragt: »Das ist aber eine ziemlich direkte Frage. Ich meine, dass wir eher beieinander als miteinander geschlafen haben, aber da frag lieber nochmal deinen Bruder (reicht Handy rüber). »Ja? Alter, wird das jetzt ein Sexverhör oder was? Und was wird das eigentlich für ein Scheißbuch, das du da schreibst? Soll ich Mama mal sagen, dass du ein Sexbuch schreibst? (Bitte nicht.) Schreib einfach, dass dein großer Bruder der Welt da draußen rät, dass es egal ist, ob man in der Hochzeitsnacht Sex hat. Man hat danach ja noch eine Menge Zeit. Ich lege jetzt auf.

(Und schläfst mit deiner Frau? Das wäre ein guter Schlusssatz fürs Kapitel.) Klar, ich lege jetzt auf und schlafe mit meiner Frau. Du Spasti.«

17

Oh Baby – Schwanger werden für Anfänger

Er sagt: Berlin, vor genau fünf Jahren. »Ich bin…« Meine neue Freundin sagt irgendwas, aber mein Verstand ist ganz woanders. Wir haben eben zusammen im Bett gelegen, dann ist sie ins Bad gegangen. Und in meinem Kopf rauschen die Gedanken vorbei wie Zugwaggons an einem Bahnübergang. Wir sollten mal Urlaub auf Korsika machen, denke ich. Ich muss zur Zahnreinigung. Soll ich für meine neue Freundin von Hamburg nach Berlin ziehen, ich muss das mit meinem Therapeuten besprechen, ich muss was essen, ich muss auf dem Weg vom Bett ins Bad den Bauch einziehen, da läuft ja

Meine neue Freundin ist schwanger.

gerade »Leuchtturm« von Nena im Radio, das ist aber schön, wie die Sonne auf die Bettdecke fällt, »…schwanger. Ich bin schwanger.« Sie ist schwanger. Das hat sie gerade gesagt. Das ist. Wer hätte. Also dann. Hey.

Meine neue Freundin ist schwanger. Wir hatten das geplant; aber ich hätte nie gedacht, dass es sofort klappt. Meine neue Freundin ist schwanger, neu im Sinne von: neu. Wäre sie ein Auto, würde sie noch nach Folie und Gummi riechen, so neu ist sie. Sie ist so neu, dass ich nachts in ihrer Wohnung das Bad, aber noch nicht den Lichtschalter finde. Wir kennen uns seit sechs Monaten. In einem sehr lustigen Film würde jetzt eine Art Fernsehshow-Moderator in einem fliederfarbenen Anzug und von Konfetti umweht durch die offene Schlafzimmertür kommen und sagen: *»Hallo Leute, wir haben hier eine Schwangerschaft, und das bringt junge Herren wie den hier (pikst mich kurz in den nackten, eingezogenen Bauch) in der Regel ziemlich in Verlegenheit, denn in den letzten Jahren und Jahrzehnten haben Nichtsnutze wie dieser hier ja alles getan, um gerade NICHT SCHWANGER zu werden, stimmt das?«* – *»Mm-hm, stimmt, wobei ich das Wort Nichtsnutz nicht unbedingt…«* – *»Ja, und daher ist der Satz ›Ich bin schwanger‹ so ein bisschen ein Paniksatz bei Herren wie dem hier, stimmt's? Zu vergleichen mit ›Die Wohnung brennt‹, ›Da hinter dir im Wasser bewegt sich was Großes‹ oder ›Meine Damen und Herren, schnallen Sie sich bitte an, beide Piloten hier vorne bei mir im Cockpit sind gerade verstorben, ich bin übrigens die Stewardess und heiße Ramona‹.«* Wo war ich? Sie ist schwanger. Der Wahnsinn. Was jetzt?

In einer perfekten Welt würde ich jetzt meinen Vater anrufen. Mir von ihm über die paar hundert Kilometer hinweg eine Zigarre zustecken lassen. Und ihn um Rat fragen. Aber da mein Vater leider nicht mehr lebt, wähle ich stattdessen die Nummer meines Kumpels Felix, wir kennen uns seit dem Studium. Schon damals hatte er mehr Gesprächstherapiesitzungen hinter sich als Woody Allen. Ich schätze, seine Barmer-Versicherungskarte hat schon Brandspuren, so oft ist sie ins Kartenlesegerät geschoben worden. Felix ist Vater von zwei Kindern und liebt Vergleiche aus der Tagespolitik und Weisheiten aus Kinofilmen. Er rät mir drei Dinge, die er vermutlich gerade aus dem großen Buch des Vaterwerdens für Nichtsnutze vorliest.

Erstens: »Lass dir Zeit.« Ein totaler Felix-Satz, passt irgendwie immer, könnte auch aus den Karate-Kid-Filmen stammen und meint in diesem Zusammenhang (O-Ton Felix): »Du hast ja neun Monate, um dich daran zu gewöhnen, dass du Vater

Schwangerschaften machen Männern Angst.

wirst.« Zweitens: »Nimm die Frau in den Arm und sag ihr, dass du sie liebst. Es gibt meiner Erfahrung nach bei schwangeren Frauen das Gefühl, dass sich in solchen Momenten die Arschloch-Typen von den Nichtarschloch-Typen dadurch unterscheiden, dass die Nichtarschloch-Typen uneingeschränkte Solidarität garantieren. So wie Gerhard Schröder den Amerikanern nach dem 11. September.« Drittens: »Koch Pudding.« – »Was?« – »Das ist ein Teil des neuen Wohlfühlpakets, denn dein Leben wird ab jetzt diesem Motto hier folgen: ›Happy wife – happy life‹.«

Schwangerschaften machen Männern Angst. Weil man sich damit für immer festgelegt hat. Weil sich, gerade bei egomanen Narzissten wie mir, der Fokus der Aufmerksamkeit unverrückbar zur Frau und dem Kind hin verlagert. Weil die Frau, die eben noch auf hohen Schuhen übers Parkett geklackert ist, vielleicht bald eine Jogginghosenfrau wird. Eine, die zu Hause halblange Über-den-Arsch-Strickjacken trägt. Und die vom Sofa aus »Ich will Koteletts!« ruft, während sie sich mit einer Pinzette ihren Damenbart ausreißt.

Meine Erfahrung ist – und auch die meines Freundes Markus, der übrigens am exakt selben Tag seine Freundin geschwängert hat wie ich: All die Informationen des letzten Absatzes sollten Männer für sich behalten; Frauen bekommen die irgendwie immer in den falschen Hals.

Anmerkung der Coautorin: Weil diese Tipps großer Quatsch sind, und weibliche Barthaare tauchen erst mit den Wechseljahren auf.

Anmerkung des Coautors: Dann ist meine Freundin vermutlich mit den Genen von Burt Reynolds ausgestattet.

Anmerkung der Coautorin: Whatever. Aber klar verändert sich der Körper, schließlich wächst ja ein ganzer kleiner Mensch darin. Zum Glück hat die Natur da einmal nachgedacht und uns die Fortpflanzung der Menschheit überlassen. Schwangerschaft heißt außerdem, wenn frau Pech hat und nicht zu den rosig Erblühten gehört, die nie besser ausgesehen und sich nie besser gefühlt haben: Übelkeit, manchmal bis zum Kreißsaal (siehe Herzogin Kate), Sodbrennen, mit Wasser gefüllte Elefantenbeine, und Brüste, schwer, voll, hyperempfindlich. Und ihr Männer jammert schon, wenn es euch mal im Hals kratzt.

Wie auch immer, Coautorin. Ich beginne in jedem Fall damit, sehr gehaltvoll zu kochen. Pudding, Kartoffelbrei, bei dem ich die Milch durch Sahne ersetze. Ich ersetze eigentlich Milch jetzt immer durch Sahne. Sahnereis, Sahneshake, Sahnerührei, es gibt kein Gericht, das dadurch nicht besser wird. »Du mästest mich«, sagt meine Freundin. »Ich liebe dich«, sage ich. Laut Felix darf man das zu schwangeren Frauen ruhig zusammenhangslos sagen, mehr ist einfach mehr.

Und meine Freundin? Wird rund (und ich aus Solidarität auch). Und sie geht einkaufen. Hätte meine Freundin eine

Auf die Panik-Phase folgt für die meisten werdenden Väter die Dicke-Hose-Phase.

Krankenakte, würde darin stehen: »Die schlummernde Shoppingsucht der Patientin bricht sich unter dem Vorwand des Nestbautriebs Bahn und entfaltet sich aufs Spektakulärste.« Wir haben bald zwei Kinderbetten und so viele Schlafsäcke, als betreibe meine Freundin einen Campingplatz für Zwerge. Kinder schlafen am Anfang nämlich in Schlafsäcken. Und wenn die zu groß, zu klein, zu blau, zu dünn sind oder einfach ein doofes Muster im unteren Drittel des Fußbereichs haben, dann ... »Dann nehmen wir doch von jedem erst mal einen und gehen auf Nummer sicher«, sagt meine Freundin, während wir in einem Babyklamottenladen stehen, der nicht nur aussieht wie eine Polo-Ralph-Lauren-Filiale, sondern der sich auch im selben Preissegment zu Hause fühlt. »Haben Sie auch Schlafsäcke mit Sahne?«, frage ich die Verkäuferin, wie immer ganz Feuer und Flamme für meine eigene Witzigkeit. Die Verkäuferin guckt meine Freundin an, als habe sie ein unartiges Kind mit ins Geschäft genommen, das gerade in den Schirmständer gepillert hat.

Auf die Panik-Phase folgt für die meisten werdenden Väter die Dicke-Hose-Phase, in der wir plötzlich merken, dass wir Vater werden. *(Frage der Coautorin: Hat dieser Stolz vielleicht*

auch etwas mit dem Gefühl zu tun: Mein Sperma bringt's? Ich
schieße nicht mit Platzpatronen? – Antwort des Coautors: Ich
zitiere in diesem Zusammenhang gern meinen Kumpel Markus,
der seine baldige Vaterschaft mit dem Satz kommentierte, seine
Spermien seien einfach so stark, sie könnten im Notfall auch die
Niagara-Fälle hinaufschwimmen.)

Ich nehme diese Dicke-Hose-Phase auf jeden Fall mit Volldampf mit. Nachdem die Frauenärztin auf einem Ultraschall-

Das Tolle an der Stolz-Phase:
Sie reißt nicht ab.

bild erkannt hat, dass wir einen Sohn bekommen, beginne ich
über markige Jungs-Vornamen zu fantasieren: Conan, Darth,
Hulk, Huckleberry, Rocky, die übrigens auch alle als Doppel-
namen super funktionieren. Ich schreibe im Geiste bereits die
Post-Geburts-SMS: »Heute ist Darth-Conan Pijahn auf die
Welt gekommen, 6000 Gramm, stark wie ein Wolfsrudel, hat
er bereits im Kreißsaal ein Steak bestellt, dem Chefarzt eine
reingehauen und eine der OP-Schwestern nach ihrer Telefon-
nummer gefragt, was für ein Hallodri. Seine Eltern sind über-
glücklich, total müde, bla bla, glücklich la la, tschüss.« Das
Tolle an der Stolz-Phase: Sie reißt nicht ab. Nach sechs Monaten Schwangerschaft sitze ich mit meinen Freunden Markus,
Felix und Stulli in einem Café oberhalb vom Hamburger
Hafen. Es ist einer der ersten Frühlingstage, ein hellblauer
Himmel, wir blödeln uns durch den Nachmittagskaffee: Was
ist das Tollste am Vaterwerden für Männer? Einstimmig: Unsterblichkeit. Wenn man selbst einmal tot ist, wird jemand,

der zu 50 Prozent genetisch man selbst ist, weitermachen. »So wie Luke Skywalker, nachdem Darth Vader gestorben ist.« Danke Felix. Meine Freundin, der ich abends davon erzähle, lacht darüber. »Unsterblichkeit. Ich glaube, das ist eher ein Männerding.«

Und dann sitzen wir wieder bei der Frauenärztin meiner Freundin, wieder ein Ultraschallbild. Man kann über Frauen Witze machen, die in der Schwangerschaft dick werden, über den Nestbautrieb, den Shoppingwahnsinn, die Sahnepuddings. Und sich mit all dem davon ablenken, dass man in Wahrheit selbst Angst hat bis zum Dach. Angst, dass man es vielleicht vermasselt, weil die Beziehung es nicht aushält. Dass die Liebe versandet, dass das Kind krank sein könnte. Oder dass man es vielleicht einfach nicht lieben, sondern nur als eine nervige Daueraufgabe begreifen wird. Ich scherze mich angestrengt durch die Ultraschalluntersuchung – als das Bild unseres Sohnes auf dem Monitor erscheint. Es ist nur ein Wischer auf dem Bildschirm. Nur eine Drehung des Körpers. Aber er hebt wie in Zeitlupe die Hand. Und winkt uns zu. Die Welt fliegt lautlos auseinander. Es gibt dafür keine Vorbereitung. Und Worte auch nicht. Hallo kleiner Mann, hallo.

18

Gemeinsam pressen –
Geburt für Fortgeschrittene

Er sagt: Mein Vater war bei meiner Geburt nicht mit dabei. Er saß zusammen mit den anderen werdenden Vätern in der Wartebucht eines Bielefelder Krankenhauses im Mai 1973 – und rauchte schwarze John-Player-Specials, seine Lieblingszigaretten. Sie gehörten zu seinem improvisierten James-Bond-Look: enge Anzüge, schmale Krawatten, Sonnenbrillen, ein schnelles Cabrio. Wenn er meine Mutter in den Kreißsaal begleitet hätte, um ihr Spinat-Smoothies zu reichen, über den iPod Reggae vorzuspielen und dann den behandelnden Arzt zu fragen, ob er die Placenta in einer Tupperdose mitnehmen dürfe, um sie später im Garten zu verbuddeln, hätte man ihn nicht für verschroben gehalten. Sondern man hätte ihn sofort in eine Gummizelle gesperrt. In der es aber sicher – ich glaube, da waren die 70er lässig – erlaubt gewesen wäre, zu rauchen und in Abständen nach einem Wodka-Martini zu fragen.

40 Jahre später ist meine Freundin im achten Monat schwanger. Und alles ist anders. Ich sitze in einem Geburtsvorbereitungskurs in einer Kreuzberger Altbauwohnung. Im Schneidersitz in einem Sitzkreis auf einem durch meine

Jeans hindurchpiksenden Sisalteppich. Es riecht nach Socken und diffus nach Hamsterkäfig, als eine Frau Ende 50 hereinkommt, die so stark berlinert wie Harald Juhnke auf Sauftour und sich als »Hebamme Corinna, ja?« vorstellt. Sie sagt am Ende jedes Satzes, »ja?« oder »verstehste?«, so als würde sie mit einem Rudel begriffsstutziger Pudel reden.

Als Mann am Anfang des 21. Jahrhunderts Vater zu werden bedeutet, eine Rolle zu übernehmen, für die es kein klares Drehbuch gibt. Kein »So machen Väter das nun mal«. Ich hatte früher nicht einmal ein Haustier. Ich bin unerfahren im Sich-Kümmern um Kreaturen, die ohne meine Hilfe mit dem Bauch nach oben im Aquarium schwimmen würden. Das muss jetzt anders werden. Die Anspruchshaltung der Welt schwappt über einen hinweg. Bei der Geburt dabei sein? Aber natürlich! Tragetuchwickeltechniken? So was von! Eine mit guten Argumenten unterfütterte Meinung zum Thema Naturgummischnuller? Klar! Ich weiß jetzt, dass ein Manduca kein israelisches Scharfschützengewehr ist, sondern ein Tragegeschirr, und Beißringe nicht zur Standardausrüstung von Ostberliner Darkrooms gehören, sondern… ach, egal. Als wer-

Anfang des 21. Jahrhunderts Vater zu werden bedeutet, eine Rolle zu übernehmen, für die es kein klares Drehbuch gibt.

dender Vater Anfang des 21. Jahrhunderts ist jeder Satz erlaubt. Außer dem hier: Interessiert mich nicht. Manchmal gucke ich meine Lieblingsserie *Mad Men*. Und ein Teil von mir fände es super, wenn auf dem Kalender heute das Jahr

1965 stehen würde. Und ich bin mir sicher, es geht vielen werdenden Vätern genauso.

Der denkbar mieseste Ort für diese Gedanken ist der Kreuzberger Geburtsvorbereitungskursus. Der Mann mir gegenüber trägt ein schwarzes Scorpions-T-Shirt, ist dick, blass, hat einen Pferdeschwanz und einen blonden Ziegenbart. Er sieht aus, als ob er immer, wenn er nicht gerade seine Fantasyromane umsortiert, in einem Kirchentags-Planungsstab für

Je näher dran, desto toller. Je mehr dabei und Teil der Geburt, desto besser.

die EDV zuständig ist. Er hält seine Freundin – ebenfalls im Scorpions-T-Shirt – im Arm, als sei sie gerade vom Pferd gefallen. Vorstellungsrunde: Ziegenbartscorpion schafft es, innerhalb von drei Minuten gefühlt zehnmal »dabei sein« zu sagen, was das inoffizielle Credo des Geburtsvorbereitungskurses ist. Je näher dran, desto toller. Je mehr dabei und Teil der Geburt, desto besser. Alle Männer im Kurs hassen Ziegenbartscorpion. Was uns absurderweise nicht davon abhält, aus der Vorstellungsrunde trotzdem einen Wettbewerb zu machen, bei dem der gewinnt, der am meisten Fachwissen und Empathie für seine Frau rausbaumeln lässt. Während der Kaffeepause, in der wir Männer auf Hebamme Corinnas Wunsch allein nach draußen gehen sollen, wechselt der Ton übergangslos vom Geburtsversteher in den Prollsound einer Fußballumkleide. »Vater werden, ha, ha, ja, ja, jetzt beginnt der Ernst des Lebens.« Schulterklopfer, Zigarettenrauch hochpusten, meckerndes Lachen. Wir klingen wie Knackis beim

185

Hofgang, reißen Witze über die Besorgtheit unserer Frauen. Wir haben tausend Fragen und stellen nicht eine einzige.

Um das zu ändern knöpft sich Hebamme Corinna einzelne Männer nach der Rückkehr in den Kursraum vor, es fühlt sich an wie Schule: »Jetzt sach doch mal du, York, ja? Also wie du dir den Tag nach der Jeburt so vorstellst, verstehste?« Da ich schon in der Schule ein Schleimer war und in Gruppen, denen was beigebracht wird, sofort wieder in diesen Modus verfalle, hänge ich mich richtig rein. Mündlich war ich schon immer gut: »Nach der Geburt sind wir zu zweit zu Hause und ich backe für uns ein paar meiner leckeren Blaubeer-Muffins.« Pause, Pause. Ich griene Zuspruch heischend in die Runde. Stille im Sisalteppich-Zimmer. »Zu dritt«, sagt die Freundin von Ziegenbartscorpion. »Ihr seid dann zu dritt zu Hause.« Da ist was dran. Wir lernen Massagetechniken, um unsere Frauen zu entspannen und ihnen den Schmerz während der Geburt zu nehmen, Corinna sagt »unter der Geburt«, was sich nur etwas anders, aber auf mittelalterliche Art schmerzhaft anhört. Ich will meinen Patzer von eben ausbügeln und sage: »Ist vor dem Hintergrund der Schmerzen unter der Geburt eine Massage nicht in etwa so wirksam wie eine Runde Domino während einer Zahnwurzelbehandlung?« Zwei Männer lachen. Und hören sofort auf, als sie merken, dass ihre Frauen es nicht tun. Corinna guckt mich an, als sei ich der Skatbruder Satans.

Fünf Wochen später sitzen meine Freundin und ich in einem Berliner Krankenhaus. Meine Freundin hat, man kann es gar nicht anders sagen: komplett das Kommando übernommen. Kaiserschnitt-Termin gemacht. Klamotten gepackt, Kühlschrank gefüllt, Taxi bestellt, sie kennt alle Internet-Rankings von allen Krankenhäusern in Berlin und weiß, warum wir genau jetzt genau in diesem hier sind, sie weiß, wann, wo, wie, was und mit wem passiert. Ich habe Angst – sie hat einen Ordner, auf dem »Kind« steht. Sie marschiert, ihren dicken Bauch vor sich herschiebend, durch die letzten Tage, wie ein aufgewärmter Profiboxer durch die Menge der Fans Richtung Ring. Die Fäuste zusammenklatschend. Ich trippele hinterher und biete frisch gepresste Säfte an.

Während ich also in unserer Beziehung eine Art Kellner- und Au-pair-Mädchen-Status bekommen habe, hat sich

Ich habe Angst – sie hat einen Ordner,
auf dem »Kind« steht.

ein unsichtbares Band zwischen meiner Freundin und allen Frauen um sie herum entwickelt. Es gibt einen stillen Blick des Einverständnisses zwischen ihr und wildfremden Frauen auf der Straße – den ich jetzt immer wieder auffange, als würden meine Freundin und all die anderen Frauen zur gleichen Straßengang gehören. Und dann sitzen wir im Kreißsaal, ich werde am Kopfende meiner Freundin geparkt, die noch immer alles so spektakulär im Griff hat, dass man es kaum fassen kann. Ich halte ihre Hand, aber eigentlich hält sie meine. Jenseits des grünen Vorhangs, der über ihrem Bauch gespannt ist, sagt eine Stimme »na dann wollen wir mal, einverstanden?«, meine Freundin blickt mich an, wie jemand, der für einen Augenblick fällt. Alles gerät in die Unschärfe. Und dann reichen mir zwei Hände ein Baby über den Vorhang.

Ich würde über diesen Moment gern etwas Lustiges schreiben. Dass Männer in Kreißsälen ohnmächtig werden (passiert jedem Zehnten) oder dass sie zwischendurch rausmüssen, weil ihnen schlecht wird (passiert jedem Achten), dass ihnen das Blut Angst macht. Das stimmt vermutlich alles. Aber vor allem wird etwas in einem, egal wie sehr man vorher auf harter Hund gemacht hat, weich. Und das bleibt komischerweise so. Mein Freund Felix hat auf die Frage, was sich denn für Männer durch die Geburt eigentlich ändert, in einer Mail folgende Sätze geschrieben. Sie sind schmierig und etwas

> Vor allem wird etwas in einem, egal wie sehr man vorher auf harter Hund gemacht hat, weich.

theatralisch. Ich weiß. Und trotzdem: »Du hast an dem Tag ein erstes Date mit jemandem, den du für immer lieben wirst. Und für den du dich lachend vor jede Straßenbahn der Welt werfen würdest. Es ändert sich also alles, Alter. Alles.«

Das Experten-Interview: Pressen!

Peter Wolf, 34, ist Berlins einzige männliche Hebamme.

Rund 90 Kindern hat er schon auf die Welt geholfen, vier bis fünf Paare betreut er jeden Monat. Leiden Männer mehr als Frauen bei der Geburt? Peter Wolf findet, leiden muss überhaupt nicht sein. Was? Doch, das ist sein Ernst.

Männer müssen heute bei der Geburt eine große Rolle spielen. Massieren, Getränke reichen, Geburtsvorbereitungskurs besuchen, jeder Satz ist erlaubt, außer »Interessiert mich nicht«. Was halten Sie davon?

Frauen leisten große Arbeit während der Geburt. Gebären ist, wie einen Marathon zu laufen. Das macht man ja auch nicht ohne Trainingspartner. Die Sphären der Geschlechter sind heute weniger stark voneinander getrennt als in den 60er Jahren. Da scheint es logisch, dass Männer bei der Geburt eine größere Rolle spielen.

Hat man als Mann überhaupt eine Wahl? Als wir unseren Sohn bekommen haben, da war der Druck »dabei zu sein«, egal wobei, gewaltig.

Ich finde, die Männer haben eine Wahl. Ist Ihnen übrigens aufgefallen, dass Sie eben in der Wir-Form erzählt haben, Sie scheinen das ja doch als gemeinsames Projekt begriffen zu haben. Für mich funktioniert es optimalerweise so: Die werdende Mutter steht im Zentrum, die Zweierbeziehung von Mutter und Kind ist umschlossen vom Mann. Wobei die neue Familie eingebettet ist in ein Netz von Freundinnen, Freunden und Familie. Ich benutze gern das Bild der Babuschka-Püppchen, wo das kleinste Püppchen von der nächstgrößeren geschützt wird, die beiden von der nächstgrößeren und so weiter.

Wie viele der Männer, die sie betreuen, haben Ihnen bis dato gesagt, dass sie nicht dabei sein wollen, wenn das Kind kommt?

Bisher nur einer. Und der sagte auch nicht, dass er nicht wolle, sondern, dass er glaubt, es nicht zu schaffen. Er hatte sich vorgenommen, stattdessen bei uns in der Geburtshausküche für alle zu kochen, daraus wurde dann nix, er wollte dann doch bei seiner Frau sein.

Wie sagt man als Mann, dass man nicht dabei sein will?
»Schatz, ich möchte nicht.« Wenn man das nicht sagen kann, stimmt mit der Beziehung etwas nicht.

Dem Klischee nach ist der überidentifizierte Mann auch schwanger, wenn seine Frau schwanger ist. Es gibt sogar ein Krankheitsbild, das Couvade-Syndrom, bei dem der mitfühlende Mann auch einen Bauch bekommt und sogar Schmerzen hat.
So einen Fall hatte ich noch nicht. Und ich spreche auch nicht gern von Schmerz während der Geburt. Ich spreche neutral von Wellen oder Kontraktionen. Wenn es dann doch zu Schmerzen kommt, hat das in der Regel mit Stress zu tun. Und diesen Stress minimiert man in den Geburtsvorbereitungskursen und während der Schwangerschaftsbetreuung – reduzierter Stress führt zu reduziertem Schmerz. Das ist ein ganz zentraler Punkt.

Als wir im Krankenhausflur vor den Kreißsälen saßen, klang es von innen, als würde dort mit Kettensägen entbunden, aber vielleicht waren das einfach unheimlich gestresste Frauen?
Es gibt einige Frauen, die sind vokaler und drücken sich mehr über die Stimme aus.

*Das ist eine tolle Formulierung, an die ich mich hoffentlich
erinnere, wenn das nächste Mal jemand rumbrüllt. Wenn Sie
selbst schwanger wären, wo würden Sie gebären?*
Zu Hause, mit einer Hebamme, die ich gut kenne. In einer
angenehmen Atmosphäre mit angenehmer Musik, die einen
guten Vibe hat.

Was sind denn gute Geburtssongs?
Ich hatte gerade ein Paar, das hat vor allem kurz vor dem
Ende der Geburt »Fat Freddys Drop« gehört…

…was ziemlich tanzbarer Soul ist.
Ich hatte auch schon Leute, die haben Classic Rock gespielt
und wollten von mir, dass ich mir den exakten Song merke, zu
dem das Kind auf die Welt kam, ich habe es in dem Moment
aber vergessen, ich glaube, es war Led Zeppelin.

Wären Sie selbst gern mal schwanger?
Nein, und mein Beruf als Hebamme ist auch keine Kompen-
sation eines solchen Wunsches. Mir reicht meine Rolle. Die
ganzen Hormone und so, das mal zu erleben wäre spannend,
aber das ist es dann auch.

Wenn Sie auf Partys erzählen, dass Sie Hebamme sind….
…dann suche ich nach dem schnellsten Weg, das Thema zu
wechseln. Denn die Nachfragen und der sich daran anschlie-
ßende Geschlechterdiskurs nerven mich mittlerweile ziemlich.

19

Windelwahnsinn –
Wo ist der Sex nur hin?

Er sagt: Ich wende mich hier an alle Leser, die viel Zeit mit dem Anschauen von Pornofilmen verbringen. Ich hätte da eine Idee für Sie. Und zwar würde ich gern ein eigenes Pornogenre ins Leben rufen, den Müdigkeits-Sex. Ich glaube, man müsste das etwas griffiger als Sleepy Fuck oder Gähnverkehr verkaufen, dann wird das der Burner. Es werden darin unheimlich müde Paare gezeigt, die lustlos miteinander schlafen, die Paare sehen durchweg richtig mies und beige aus. Sie haben diese postkoitale Schlappheit, allerdings schon vor dem Sex. Und es gibt Dialoge wie diese hier: »Sag mal, hast du die Haustür abgeschlossen?« – »Ich weiß nicht, ich fühle mich unheimlich dick, geht dir das auch so?« – »Wäre es okay, wenn

Ich stelle mir vor, wie sich müde, unausgeschlafene Eltern abends Gähnsex-Videos anschauen.

ich das Licht ausmache?« – »Hast du beim Einkaufen an die Spülschwämme gedacht?« – »In der Kita haben sie Masern, hattest du eigentlich Masern?« – »Pauls Kacka hat heute komisch gerochen, kommt das vom Lachs? Vielleicht ist das wie Spargelpippi nur als Kacka?« – »Heute nicht umdrehen, nur ein bisschen Schwuckel-Schwuckel, okay?«

Ich stelle mir vor, wie sich müde, unausgeschlafene Eltern abends Gähnsexvideos anschauen und sich die Stimmung sofort heben würde. »Guck mal, was die können, schaffen wir doch auch noch. Ist nicht gerade das Feuerwerk von früher, aber ich denke, das ist machbar, oder?«

Doch warum haben junge Paare nach der Geburt eines Kindes so wenig Sex? Also, das hat folgende Gründe.

1. Enthemmung: Durch die Geburt eines Kindes legen beide Partner jegliche Zurückhaltung ab, die vorher einen Teil ihrer Anziehung ausgemacht hat. Man putzt Kindernasen und bestaunt die dicken Popel, isst Hühnerbrustfilets, die das Kind erst lange gekaut und dann lustlos auf den Wickie-Teller gespuckt hat, einfach selbst, badet mit Kindern, die einem, während sie das Schaumbad umrühren, gestehen, sie müssten mal dringend pillern. Man beginnt das Wochenende ungeduscht, beendet es auch so, entscheidet sich immer öfter gegen Haargel und für eine Mütze, man leiert aus. Meine Freundin hat das mal mit dem Satz zusammengefasst: »Ich sehe aus wie der komische Bruder von jemandem.«

2. Verkumpelung: Die Menge der Aufgaben, die plötzlich vom Paar zu erledigen sind, explodiert. Eben war man noch der sexy Partner, der morgens nach dem Aufstehen Sit-ups gemacht hat, um sich dann beim Brötchenholen mit Blumen und dem Versprechen eines langen Nachmittags am Badesee das eigene Hallodritum zu beweisen. Jetzt geht es plötzlich darum, wer den Mottogeburtstag organisiert, das Altpapier wegbringt, den Kitagutschein besorgt. In Westfalen nennt man diesen Zustand: Man is nur noch am Machen. Und so vollendet sich die Wandlung vom Sexpartner in eine Art WG-Kumpel, der in absurden Momenten vorschlägt, Sex zu haben.

3. Müdigkeit: Da Kinder ja wenig bis nie schlafen, bewegt man sich nach einem halben Jahr wie ein Astronaut über die Oberfläche des Mondes, einen vollen Windeleimer unterm Arm. Wenn man dann um 21 Uhr ins Bett geht und sich auf dreimal unterbrochenen Nachtschlaf bis 5 Uhr freut, ist die Frage, ob man jetzt Sex haben will, vor allem eine Frage der Abwägung. Um es in den Worten meiner Freundin zu sagen, die genau wie ich das debile Vokabular unseres Sohnes angenommen hat: »Lieber Schlafi-Schlafi als Bummsi-Bummsi.« Sie merken schon, wie hier auf jede Art von Zwischenton verzichtet wird.

Sind Männer und Frauen unterschiedlich, was dieses Themenfeld betrifft? Sie sind es. Als Mann ist »Sex, obwohl man Stress hat oder müde ist« ein schräger Satz. Denn was hat »obwohl« in diesem Satz zu suchen? Man hat Stress, dann hat man Sex, dann hat man keinen Stress mehr. Oder man ist müde, dann hat man Sex, dann ist man noch müder, aber eben postsexmüde. Frauen, so das Ergebnis einer nicht repräsentativen Umfrage unter fünf Damen aus dem Freundeskreis, müssen für Sex entspannt sein, und das sind die ersten Jahre mit Kind ja nun überhaupt nicht.

All das führt bei Männern zu einer unterschwelligen Bockigkeit. Denn wenn man etwas erbsenzählerisch die Veränderungen im eigenen Leben seit der Geburt aufschreibt, fällt einem auf, dass man eine bis dato spektakuläre erotische Beziehung gegen ein sexloses Leben im Astronautenanzug getauscht hat. Klar, man hat jetzt ein Kind, aber – hier das Er-

Als Mann ist »Sex, obwohl man Stress hat oder müde ist« ein schräger Satz.

gebnis einer nicht repräsentativen Umfrage unter fünf Herren aus meinem Freundeskreis – aber dieses Kind macht am Anfang mehr Ärger als Freude und hat einem vor allem die Frau weggenommen. Die Lösung ist vermutlich das, was mein Kumpel Felix »sexuelle Abrüstung« nennt, also weniger komplizierter Sex, Felix nennt das »Kumpelbumsen«, was ich etwas eklig finde, aber vielleicht den Kern der Sache ganz gut trifft, weil man plötzlich mit dem Menschen Sex hat, mit dem man jeden Tag Seite an Seite in die Schlacht des Alltags zieht. Aus welcher man dann abends müde zurückkehrt, für eine Runde Gähnverkehr. »Du musst aber auch schreiben, dass das nach der Anfangszeit wieder besser wird, das ist ja sonst einfach nur ätzend!« Das ist meine Freundin, die mir beim Schreiben manchmal über die Schulter guckt. Wie meistens hat sie recht.

Denn es kommt der Tag, an dem das Kind pennt oder bei Oma übernachtet, und einer sagt: »Wir könnten uns ja ein bisschen hinlegen?« Und das fühlt sich dann wild und verboten an. Und man denkt: Oh. Und: Wow. Und: Wahnsinn, ist das lange her. Und dann ist tatsächlich kurz alles wie früher. Und man sagt danach, glücklich wie ein entkommener Bank-

Dieses Kind macht am Anfang mehr Ärger als Freude und hat einem vor allem die Frau weggenommen.

räuber: »Das sollten wir öfter machen.« Und von der anderen Seite des Bettes antwortet eine müde Stimme: »Ja … ich dich auch.«

20

Auf dem Rückflug –
Wenn Männer und Frauen
älter werden

Sie sagt: Wie nicht anders zu erwarten, altern Frauen und Männer vollkommen unterschiedlich. War es noch vor 25 Jahren normal, dass ein etwa gleichaltriges Ehepaar spätestens nach der Silberhochzeit für Mutter und Sohn gehalten wurden, so sind es heute oft die Männer, die an der Seite ihrer jungen, straffen, 50-plus-Gattin wie erschöpfte Boxer wirken, die in der Ringecke auf das Knockout warten. Natürlich gibt es sie auch, die schlanken, gepflegten, sportlichen Silberfüchse à la Sky du Mont, aber sie sind selten. Frauen gehen mit ihrem eigenen »Reifungsprozess« oft panisch, mit dem ihrer Männer viel gnädiger um. Oder gibt es einen 30-Jährigen, der schon vor dem ersten Faltenwurf mit Botox liebäugelt? Der lustlos am Salatblatt kaut, aus Angst, er könne bei durchgedrücktem Kreuz seinen kleinen Freudenspender nicht mehr sehen? Doch egal, wie es läuft – am Ende verwandeln sich Frauen und Männer in einen der folgenden Frauen- bzw. Männertypen. Ein Überblick.

1. Die Alt-68erin (Femina coloris henna)

Sie kann es immer noch nicht fassen, wie unpolitisch alle geworden sind, traut Männern instinktiv nicht, da diese Vertreter des Schweinesystems sind, hat aber – weil es alleine eben doch doof ist – den Helmuth, den Jochen, den Bernd, den Stefan oder den Siggi geheiratet. 25 Jahre ist das jetzt her. Sie macht noch immer FKK. Und genießt es, als Einzige nackig zu sein und »Kinder, jetzt seid doch nicht so spießig« über die Liegewiese zu rufen und sich dabei in der unrasierten Achselhöhle zu kratzen. Statt Demos organisiert die Femina coloris henna jetzt Straßenfeste, auf denen sie als Erste tanzt, als Letzte geht und ihrem achtjährigen Enkel Bier kauft, der leider Friedrich statt Tabaluga heißt, so wie sie das ja schön gefunden hätte. Sie findet es toll, dass alle anderen jetzt auch Yoga machen, und hätte einen Hammer-Body, wenn sie nicht so viele Selbstgedrehte paffen würde und die Sommer zwischen 1973 bis 1990 nicht komplett uneingecremt an Mittelmeerstränden weggebrutzelt wäre. Alle im Haus wissen es, wenn sie mit dem Helmuth, dem Jochen, dem Bernd, dem Stefan, dem Siggi Sex hat, denn dann laufen ihre alten Leonard-Cohen-Platten.

2. Die Sportskanone (Femina energetica)

Sie hat als Bildschirmschoner ein Foto von sich, wie sie an einem Flaschenzug kreischend durch die Baumwipfel von Costa Rica brettert. Die Welt ist seit der Rente ihr Funsport-Areal, sie hat eine Pulsuhr am schmalen Handgelenk, lässt sich von ihren Kindern Fitness-Apps aufs Smartphone installieren und ist in permanenter Marathon-Vorbereitung. Es gibt in ihrem Leben die öde Zeit vor der Erfindung der Rollerblades und die tolle Zeit seitdem. Dass die Femina energetica in Laufklamotten, wenn auch leider nur von hinten, für 35 gehalten wird, ist die Freude ihres Lebens. Ihr Mann, der neben ihr und ihrer neonfarbenen Funktionsgarderobe wie Räuber Hotzenplotz aussieht, betet ihren Körper an, fände es aber auch schön, wenn sie zumindest bei Restaurantbesuchen die Walking-Stöcke zu Hause lassen würde. Oder wenigstens den Trinkflaschen-Gürtel.

3. Die Torte (Femina creamcheesa)

Ob sie wirklich schwere Knochen hat? Oder ob das Reserven der letzten Schwangerschaften sind? Oder ein falsch verstandener Glaube an die Heilkraft von viel, viel Olivenöl im Essen? Die Femina creamcheesa sieht sich selbst als kulinarische Spaßmaschine und eine Art Sophia Loren in Straßenkreuzer-Ausführung. Auch wenn sie eigentlich wie Hannelore Hoger im Marshmallow-Rausch aussieht – aber das hört sie nicht so gern. Sie kennt sich mit absurden Ernährungsdetails aus und hat eine Meinung zu seltenen Getreidesorten, »aus denen man einen tollen Salat machen kann«. Macht sie aber nie. Sie hat ein Herz aus Hackfleisch und Nudeln. Sie hasst es, Bikinis zu kaufen, schreibt wütende Mails an die Moderedakteurinnen von Frauenzeitschriften, die mit dem Satz beginnen: »Welcher Scheiß-Hungerhaken soll diese Scheiß-Klamotten eigentlich tragen?!?« Sie kauft in der Tchibo-»Fitness«-Themenwoche ein, mit der Haltung, in der Schwerverbrecher nach Lourdes pilgern. Ergeben shoppt sie Wackelbretter, Schrubbelstangen, pinke Hanteln. Um diese Frau in den Arm zu nehmen, braucht man zwar einen verdammt langen Arm, aber sie küsst wie eine Göttin aus Butter.

4. Die Sylter Spätlese (Femina Ralph Lorena)

Sie zählt die Monate, Wochen, dann Tage bis zum Klassentreffen des Abijahrgangs von 1961 und freut sich wie Bolle, noch in ihre alten Klamotten zu passen. Ihr Geheimnis: Disziplin. Die Femina Ralph Lorena ist das Material, aus dem Präsidentengattinnen geschmiedet werden: Nancy Reagan, Hillu Schröder, Carla Bruni; sie sieht sich im Geiste immer eine Pferdekoppel auf Cape Cod abschreiten, in engen Reithosen, Gerte in der Hand. Wenn sie Hausangestellte hätte, wären diese schwarz und voller Angst. Da das alles mit so saumäßig viel Disziplin verbunden ist, Alkohol, Zigaretten, Kohlenhydrate, rotes Fleisch und zu viel Sonnenlicht verboten sind, verströmt sie permanentes Klassenstreberfeeling. Sie würde gern mal mit Jil Sander Urlaub machen oder mit ihr bei Manufactum Picknickdecken kaufen, aber da sie Jil nie kennengelernt hat, macht sie es eben mit den Mädels vom Bridge-Club an der Rothenbaumchaussee. Sie hätte gern mit dem jungen JFK Sex gehabt, im dunkelblauen Golf 1 Cabrio, das sie damals zum Abi bekommen hat. Oder wenigstens mit Sascha Hehn. Der hätte für sie vielleicht kurz seinen Polohemdkragen hochgestellt, uuuuh, wild.

5. Die Sexbombe (Femina erotica explosiva)

Keine Ahnung, ob sie das wirklich vor dem Spiegel geübt hat, aber sie kann auf eine Art »Halloo« sagen, die klingt, als blase jemand Zigarettenrauch aus. Sie hört sich dann an wie eine Mischung aus Nena, Iris Berben und Nadja Tiller. Alles, was sie macht, ist sexy, sie kann vermutlich sogar sexy Zähneputzen. Kein Schwein nimmt ihr ab, dass sie immer noch so jung aussieht, weil sie »ganz einfach täglich zwölf Liter grünen Tee trinkt« oder »seit Jahren komplett auf alles aus Lakritz« verzichtet. Vieles an ihr ist operiert, sie nennt das: »Ich habe ein bissel was machen lassen.« Was die Femina erotica explosiva nicht weiß: Gerade die nicht operierte Seite an ihr bringt Männer um den Verstand. Sie flirtet mit allem und jedem, zieht nach dem Aufstehen das hellblaue Oberhemd ihres Mannes an und läuft auf Zehenspitzen ins Bad. Das ist alles eine große Show und wie aus einem Marilyn-Monroe-Film geklaut, aber der Effekt ist der Wahnsinn. Sogar die Freunde ihrer Söhne hätten gern eine Affäre mit ihr. Statt auf das jahrelange Imitieren von Mädchenhaftigkeit zu setzen, hat sie einen kurvigen Gang entwickelt, bei dem man pfeifen möchte, wann das nicht so Old School wäre. Sie nennt Männer »Baby« und kommt damit durch.

6. Die große Schwester der Tochter (Femina pseudofilia)

Die Femina pseudofilia behauptet, dass sie und ihre 19-jährige Tochter »vor allem beste Freundinnen« seien, was als permanente Ausrede dafür herhalten muss, warum sie der Tochter Klamotten, Parfüm, Facebook-Freunde klaut. Sie hat ein Gigabyte Handyfotos von sich und den Kindern, von denen sie immer hofft, als eines der Kinder durchzugehen. Und tatsächlich sorgt es für Verwirrung, dass sie sich von ihren Kindern nicht »Mama« sondern Carry, Kay oder Kathy nennen lässt, wo sie doch eigentlich bloß Kathrin heißt. Seit eine der

Töchter all das bei ihrem Therapeuten mal angesprochen hat und nicht mehr Adidas-Trainingsjacken und pinke Ballerinas an Mama, ups, sorry, Kathy verleiht, ist es zwischen Kathy und Tochter etwas stressig geworden. Und Kathy muss jetzt, anders als geplant, allein zum Justin-Bieber-Konzert gehen. Von dort aus verschickt sie Fotos und auf Englisch formulierte Kommentare voller Emoticons, wie sweet Justin doch sei. Sie verbittet sich den Muttertag, fänd es aber echt super, mal wieder zum Schlagermove nach Hamburg zu fahren. Na ja, Hauptsache sie spielen nicht wieder »Mit 66 Jahren«.

7. Die Gartenfee (Femina floratella)

Sie mag es, Dinge mit dem Satz »Das ist ja praktisch« zu begründen, sie pflanzt, sät, erntet permanent. Gegen den Willen ihres Mannes und aller Nachbarn hat sie jetzt sogar Bienen im Garten. Sie trägt ihre Brille an einem Halsband, ihre Fingernägel kurz, genauso die Haare, dreht fremden Hunden ungefragt Zecken mit dem Autoschlüssel aus dem Fell. Das nette Wort für ihre Erscheinung ist wohl: burschikos, die Wahrheit wäre, dass sie dem Bruder von Loki Schmidt ähnelt. Sie hätte ihren Mann für den Satz »Meine Gattin ist der Diesel unter den Frauen« gern eine reingehauen, hat sich aber dann überlegt, dass das eigentlich ein Lob ist, denn sie ist zäh wie Winterhafer, nie erkältet, immer unterwegs, immer draußen, ihr Mann wirkt 20 Jahre älter als sie, obwohl sie ja damals gemeinsam Germanistik studiert haben. Die Femina floratella kann elf Enkel gleichzeitig hochheben. Ihre Kinder wollten ihr kürzlich ein *Landlust*-Abo schenken, worauf sie geantwortet hat, dass sie eine neue Motorsäge und keine Illustrierte brauche. Beim Gartenlaubenfest hatte sie seit fünf Jahren das erste Mal wieder einen Rock an, dazu geschminkte Lippen und eine Handtasche statt eines Rucksacks dabei. Das sah wirklich gut aus, ihr Mann hat sie aber leider nicht erkannt.

8. Die Normale (Femina averaga)

Sie überlässt den H&M-Laden ihren Kindern, hat kapiert, dass kein Mensch mit einem normalen Leben wie Claire Underwood in *House of Cards* aussehen kann, ohne eine Essstörung zu haben. Sie hat nach einer extrem nervigen Zeit mit Anfang 30 aufgehört, sich zu vergleichen, auch wenn das nicht jeden Tag hinhaut. Sie hat kein Problem damit, »Mach ich nicht« zu sagen, sie hat Freundinnen und Freunde, die für sie bis an die Grenze gehen würden. Sie ist eine Frau in einem Kleid. Sie trägt große Sonnenbrillen und Parfüm. Die Femina averaga bekommt Falten, kennt zwei versaute Witze und sieht schön aus, wenn sie am Meer sitzt. Alles bestens.

Und wie geht es den Männern?

1. Der Stubenhocker (Homo casa nervasaegus)

Der Homo casa nervasaegus, auch Sofarolle genannt, hat sich noch nie viel bewegt. Nach dem Ruhestand, gern vorzeitig, bewegt er sich gar nicht mehr. Seine Lieblingsposition ist die liegende, weil auf seiner inzwischen auf Zwillingsschwangerschaftsgröße gewachsenen Plauze eine Tageszeitung und die Fernbedienung passen. Er hat zwar einen Schrebergarten, aber allein dorthin zu fahren, ist ihm zu anstrengend. Wenn er nicht liegt, mischt er sich ein. Weil er am besten weiß, wie man den Staubsaugerbeutel richtig einlegt oder das perfekte Ei kocht. Seine Ehefrau hat nur einen einzigen Geburtstags-/Weihnachtswunsch: ein Flugticket nach Kamtschatka. Nur Hinflug. Nur für ihn.

2. Der Gesundheitsfreak (Homo eternus sanus)

Er lehnt jede Form der Alterung strikt ab, trinkt täglich drei Liter Kokoswasser, joggt vor dem Morgengrauen, radelt im Urlaub durch die Alpen und ist stolz darauf, noch in seinen Konfirmandenanzug zu passen. Zwischen Haut und Knochen passt kein Gramm Fett, sein Schönstes ist, wenn der Hausarzt seine »phantastischen Werte« lobt. Seine Umgebung nervt er mit Nährstofftabellen und einem Body-Mass-Index von unter 20. Würde er gelegentlich zum Frühstück Eier mit Speck essen, statt nur einen grünen Smoothie zu trinken, hätte sein Kopf vielleicht etwas weniger Totenkopfähnliches und seine Enkel würden sich nicht an seinen spitzen Hüftknochen stoßen, wenn er sie auf den Schoß nähme. Wenn der Homo eternus sanus (noch) verheiratet ist, dann entweder mit einer nachhaltigen Veganerin oder mit Mutti, die hinter seinem Rücken eine Sahneschüssel ausleckt.

3. Der Hypochonder (Homo jammeritus)

Er hat keinen Schnupfen und auch keinen verstauchten Knöchel, er hat immer Gesamtkörperkrebs. Ein Wunder, dass er überhaupt noch lebt. Er hasst den Satz »Viel Schlaf und lauwarmer Kräutertee, dann wird das schon«, wenn er sich mit letzter Kraft zum Arzt geschleppt hat. Der Homo jammeritus möchte Beachtung, Besorgtheit, er möchte die Blaulichtsirene

des Krankentransports. Dass er stattdessen gelangweilte Seuf-
zer aus dem Familienkreis bekommt, macht ihn umso krän-
ker. Gelegentlich hat er noch Sex, aber danach muss er sich
ein paar Tage ausruhen. Oder er lässt sich einfach gleich danach krankschreiben.

4. Der Gerontoschlumpf (Homo scheißegalus)

Ein graugraues Wesen, das auch in Innenräumen Kette raucht,
»Einer geht noch«-mäßig trinkt, Sport für Mord hält und im
Bett so laut schnarcht, dass jede Frau bereits nach der ersten
Nacht aufs Sofa zieht. Ihm doch egal. Als orthopädische Bau-
stelle, die im Alltag nicht besonders hilfreich ist, weil sie bei
jeder hauswirtschaftlichen Anfrage auf »Hab's leider im Rücken,
vielleicht Bandscheibenvorfall« verweist, braucht der Homo
scheißegalus eine Frau mit breitem Kreuz, die Wasser- und Bier-
kästen schleppt und dabei nicht die gute Laune verliert.

5. Der Spätstudent (Homo gerontostudiosus)

Er ist vorwiegend in den Hörsälen deutscher Universitä-
ten anzutreffen, wo er Stunden vor Vorlesungsbeginn sein
Revier mit Regenschirm und Anorak markiert. Immer bestens vorbereitet reckt er seinen Zeigefinger im Minutentakt.
Der Homo gerontostudiosus weiß alles, zumindest alles besser. Wer mit ihm reist, darf kein Museum und keine Kirche
auslassen. Wer mit ihm ins Theater oder Kino geht, wird vor,
während und danach mit wichtigen Details zu Regie, Kame-
raführung und Kritiken beflüstert. Wer mit ihm isst, weiß anschließend alles über Allergene, Fettgehalt und Kalorien. Wer
mit ihm lebt, braucht ein sehr, sehr dickes Fell.

6. Der Mid- und Late-Life-Krisler (Homo nonerectus)

Eigentlich weiß er es besser, aber der Homo nonerectus verdrängt verbissen, dass junge, knackige Frauen nicht länger scharf auf seinen welken Körper sind. Dass sein letzter Flirtversuch mit einer 30-Jährigen: »Wo geht man denn abends noch hin?« mit: »Also, meine Eltern lieben Cabaret und gutes Essen« beantwortet wurde, sieht er nicht als überdeutlichen Hinweis auf sein Alter, denn alt werden ja immer nur die anderen. Die richtig Alten, mit denen er nichts zu tun haben möchte. Es gibt den HN auch in der Ledervariante mit Nierenschutz auf einer rückenschonenden Harley Davidson, denn ein Easy Rider kennt keine Darmspiegelung und keine vergrößerte Prostata.

7. Der Senilopapi (Padre prostata)

In Frankreich wegen seiner Haarfarbe »père sel et poivre« (Salz- und Pfefferpapi) genannt, führt im hohen Alter gern die 30 Jahre jüngere Drittgattin und den dazugehörigen C-Wurf spazieren. Der Padre prostatas ist ein Meister der Maskerade, und die Maske ist immer kurz davor zu verrutschen: Nur dank seines Personal Trainers und Designeranzügen, die sein Alterspläutzchen kaschieren, wirkt der Padre prostata »für sein Alter noch sehr vital« bis ins Greisenalter. Dann hofft er auf eine freundliche Altenpflegerin, denn weder die Drittgattin noch der inzwischen pubertierende C-Wurf hat Lust auf Spaziergänge mit Papi im Gehwagen.

8. Der Trockenalterer (Homo preservatus)

Der Homo preservatus ist wie guter Wein und guter Käse, im Alter wird er immer besser. Er schwemmt nicht auf, er wird kein alter Käfer mit dickem Leib und dünnen Gliedmaßen, er wird nicht ranzig und nicht launisch, sondern ein Björn Engholm, ein Beckenbauer, ein Obama. Er braucht keine Verjüngung durch eine 18-jährige Weißrussin, über seine und unsere Unzulänglichkeiten lächelt er souverän und charmant. Er altert in Gelassenheit, und das darf die Frau an seiner Seite auch tun. Auf so einen Mann sind alle Frauen scharf. Besonders, weil dieser es gar nicht bemerkt. Er ist der Hauptgewinn.

Das Experten-Interview:
Männliche und weibliche Menopause

Ältere Damen backen Kuchen für ihn, jüngere sind heimlich verliebt, der Hamburger Endokrinologe Dr. Stefan Thomsen hat immer ein volles Wartezimmer. Weil er zuhört und weil er sich hormonell gut auskennt.

Obwohl Männer ja noch mit 70 zeugungsfähig sind, kommen sie trotzdem in die Wechseljahre. Genauso wie die Frau mit Hitzewallungen und Depressionen?
Ja, Männer kommen in die Andropause, man nennt dies »androgenes Mangelsyndrom«. Ungefähr ab 40 geht das Testosteron ganz langsam, ungefähr ein bis zwei Prozent im Jahr, zurück, während es im Regelfall bei der Frau erst mit 48,

209

50 Jahren der Fall ist, es aber dann einen sogenannten Dip in der Östrogenproduktion gibt.

Was genau passiert beim Mann, wenn er weniger Testosteron produziert?
Vereinfacht kann man sagen – je mehr Testosteron, desto triebiger. Desto mehr Energie und Libido. Geht die Produktion also zurück, sorgt dies für eine verzagtere Stimmung, manchmal sogar für eine fette Midlife-Krise. Und äußerlich leider für Gewichtszunahme, besonders am Bauch, und für einen Abbau der Muskelkraft.

Die Natur ist offensichtlich gerecht, wir Frauen haben es ja auch nicht leicht. Kriegen Männer eigentlich auch Hitzewallungen?
Gelegentliche Schweißausbrüche kommen vor, ja.

Woran merken Männer, dass sie Testosteron abbauen?
Schlicht gesagt – die Morgenlatte ist weg, die Bettdecke hat morgens keine Biegung mehr. So fängt es meistens an.

Zum Glück haben Frauen ja keine Morgenlatte, wir merken also den Hormonabfall nicht so drastisch.
Stimmt, bei Frauen verläuft er gradueller, in der Perimenopause, der Vorphase also, lässt langsam die Produktion des Gelbkörperhormons nach, das spüren die meisten Frauen gar nicht.

Und wenn Frauen es merken? Ab wann raten Sie zu
Hormonen?
Nur bei wirklichen Beschwerden, nicht als Anti-Aging-Mittel. Leider gibt es zum Thema steigendes Krebsrisiko eindeutige Studien.

Sind Männer bei Wechseljahrsbeschwerden wehleidiger
als Frauen?
Ja. Den Satz »Ich hab Grippe, ich zieh mich mal zum Sterben zurück« habe ich jedenfalls von einer Frau noch nie gehört. Das Schlimmste für Männer sind Libidoverlust und Erektions-störungen.

Dafür gibt es doch die berühmte, blaue Pille.
Die wirkt ja nur, wenn die Libido intakt ist. Aber es gibt jetzt eine neue Creme, die auf die Penisspitze gestrichen wird und auch ohne Erregung für eine Erektion sorgt.

Und für Frauen gibt es noch immer nichts? Nachlassende
Libido ist ja auch bei Frauen ein großes Problem.
In der Tat wird die FSD (Female Sexual Dysfunction) nach wie vor von der Wissenschaft vernachlässigt, obwohl wir inzwi-schen wissen, dass 40 Prozent der Frauen zwischen 30 und 50 sexuelle Unlust bemerken, aber nur ein Drittel von ihnen hat Leidensdruck. Jedenfalls keinen öffentlichen. Frauen gehen selten zum Gynäkologen, wenn sie keine Lust auf Sex haben.

Und Männer gehen zum Urologen und sagen:
»Ich kriege keinen mehr hoch, Herr Doktor?«
Nein, Männer sind da auch verklemmt. Aber das überbrücke ich, indem ich frage: »Wie ist der Stuhlgang, Probleme beim Wasserlassen?«, und dann kommen wir automatisch auf mögliche Potenzprobleme. Aber kürzlich war ein Mann mit seiner Frau da, der hielt die ganze Zeit ihre Hand fest. Der sah so ängstlich aus wie auf dem Zahnarztstuhl.

Dabei ist die Sache bei Männern ja viel einfacher als bei Frauen. Sie haben Durchblutungsstörungen, können Viagra nehmen, bingo! Unser Lustzentrum sitzt im Gehirn, da kann ein Gynäkologe wenig ausrichten.
Stimmt. Deshalb halte ich die rosa Pille, die in Amerika demnächst auf den Markt kommt, nicht für den sexuellen Blockbuster. Sie enthält zwar den Wirkstoff Sildenafil, der für eine Durchblutung des Genitalbereiches sorgt, aber es gibt keine Daten, die eine Luststeigerung belegen. An einer Kombination mit Dopamin, dem sogenannten Lusthormon, wird noch geforscht.

Es gibt also Hoffnung.
Die gibt es. Aber mehr nicht.

21

Wo sind denn alle? – Das leere Nest

Sie sagt: Es gibt Momente im Elternleben, die sind wie ein mentaler Alterungsschub. Wenn man zum Beispiel früher ein Headbanger und Led-Zeppelin-Fan war und jetzt die Rapmusik seiner Kinder nur noch als akustischen Krebs wahrnimmt. Oder die Sexgeräusche in der Wohnung nicht mehr die eigenen sind. Den brutalsten, weil endgültigsten Schub in Richtung Prä-Greisentum erlebt man jedoch, wenn das jüngste Kind für immer das Haus verlässt. Dass es beileibe nicht für immer ist, weil Ausbildungen unterbrochen oder nach dem Studium arbeitsmarktbedingt längere Chill-Phasen eingelegt werden, kann man ja nicht wissen. Also steht man auf dem Bahnhof oder am Gate und winkt. Mit schwerem Herzen. Man vermisst sie, kaum dass sie weg sind. Obwohl es vieles gibt, was man überhaupt nicht vermisst.

Nachtaktive Wesen zum Beispiel, die bis nachmittags schlafen, dann in Unterwäsche in die Küche schlurfen und frisch gepressten Orangensaft bestellen. Müllhaldenzimmer, die man nur mit Schutzmaske betreten möchte. Das »Bin ich denn nur noch ein Portemonnaie auf zwei Beinen?«-Gefühl (leider kein Gefühl, sondern Tatsache). Das Zusammenleben mit großen Kindern ist eine WG, in der wir, die Eltern, alle Pflichten und sie, die Kinder, alle Rechte haben. Es sei denn, wir gehören zu den 0,01 Prozent, die ihren Nachwuchs rechtzeitig zur Mithilfe im Haushalt aufgefordert und dies auch

Das Zusammenleben mit großen Kindern ist eine WG, in der wir, die Eltern, alle Pflichten und sie, die Kinder, alle Rechte haben.

konsequent durchgesetzt haben. »Nein, Carl-Philipp, du bekommst kein Eis, erst wenn du dein Kinderzimmer aufgeräumt hast. Und es ist Mami auch völlig egal, dass du erst drei Jahre alt bist.«

Eigentlich könnte einem als verwaistes Elternpaar das fast vergessene Wörtchen mit den drei Buchstaben wieder einfallen, das mit x aufhört. Man könnte es mal wieder mitten am Tag tun. Oder sich über eine stille Wohnung freuen, in der klassische Musik wohltuend aus den Lautsprechern perlt. Über die kleine, überschaubare Unordnung, die nur man selbst angerichtet hat. Den erfreulich kleinen Haufen Bügelwäsche. Den Einkauf ohne Colaflaschen, Chips und Miracoli. Das »kinderfreie« Leben ohne »Seid ihr heute Abend endlich mal wieder unterwegs, können wir hier vorsaufen?«, oder: »Keine Ahnung, wo dein neuer Kaschmirpullover ist«, oder: »Chill mal, die Küche sieht doch super aus.«

Die Pubertät meiner beiden wunderbaren Kinder, inzwischen 27 und 23, hat meinem zum Glück strapazierfähigen Mutterherz nichts erspart: vollgekotzte Papierkörbe nach fröhlichen Feiern, unangenehme Gespräche mit Lehrern: »Ihr Sohn/Ihre Tochter könnte so viel mehr, wenn er/sie sich nur etwas mehr anstrengen würde«, Essensreste unter ihren Betten, die ich erst, alte Teeniemutterregel, entsorgte, wenn sie anfingen zu leben. Was mir schwerfiel. Sehr schwer. Nicht das Entsorgen, das So-lange-Aushalten.

Wenn mein Mann und ich uns stritten, was wir in dieser Phase häufig taten, dann immer nur deshalb, weil wir, was Erziehung und Regeln anging, selten einer Meinung waren. Er konnte besser schlafen, wenn die Kinder beim Nachhausekommen kurz Bescheid sagten, ich dagegen fand es nervig, um vier Uhr morgens geweckt zu werden. Ich flippte aus, als das erste Kondom aus der Hosentasche meines 14-jährigen Sohnes fiel, mein Mann, als unsere Tochter mit ihrem ersten Tattoo, zum Glück nur ein Schmetterling auf ihrem rechten Knöchel, nach Hause kam. Den ich irgendwie niedlich fand, mein Mann aber so kommentierte: »Was kommt als Nächstes? Ein feuerspeiender Drache auf dem Oberarm?«

Die Vorstellung »Mami und Papi endlich allein zu Haus« wurde deshalb immer verlockender. Und trotzdem hing wochenlang eine tiefschwarze Wolke über meinem Mann, als unsere Tochter mit 19 Jahren nach München zog. Jeden Abend musste geskyped werden, auch wenn weder meine Tochter noch ich etwas Spannendes zu erzählen hatten. Ihre Rabenmutter brauchte keine tägliche Antwort auf: »Wo bist du, was machst du, in wen bist du gerade verliebt?«. Ihr Vater bestand darauf. Was beweist, dass elterliche Überfürsorge geschlechtsunabhängig ist und sich in unserer Familie eindeutig mehr väterlich als mütterlich auslebte. Vier Jahre später brachten wir unseren Sohn nach Scarborough in Nordengland, wo er hoffentlich das vorhatte, was man landläufig unter Studieren versteht. Der Abschied war kurz, er winkte knapp und endgültig und seine alten, nicht mehr gebrauchten Eltern fuhren schweigend zum Flughafen Manchester. Ein mentaler Alterungsschub vom Feinsten.

Und eine leichte Beklommenheit, die anhielt. Kein Freudenfeuer wurde angezündet, keine Sektkorken knallten. Dafür zwei Erwachsene, die Trübsal bliesen. Stille in der Wohnung, die sich wie Friedhof anfühlte. Niemand da, wenn der PC schon wieder streikte und mit ein paar Klicks und einem »Wie oft hab ich euch das schon erklärt?« die Sache wieder in Ordnung brachte. Wir waren keine Familie mit jungen, aktiven Kindern mehr, wir waren jetzt ein älteres Ehepaar. »Willkom-

Kein Freudenfeuer wurde angezündet, keine Sektkorken knallten. Dafür zwei Erwachsene, die Trübsal bliesen.

men im Club der Bandscheibenvorfälle und Kürbiskerne gegen Prostatabeschwerden«, sagte ein Freund, der, wie er es nannte, auch gerade in einer »posttraumatischen Abnabelungsphase« steckte.

Dabei wollen wir doch global denkende, tüchtige, dem Leben zugewandte Kinder und keine Nesthocker. Der 30-Jährige, der noch in Pokemonbettwäsche bei seinen Eltern wohnt, ein trauriges Bild. Die erwachsene Singletochter, die ausrastet, weil ihr ehemaliges Jugendzimmer jetzt als Gästezimmer benutzt wird, nein danke! Wir wollen keine Helikopter-Eltern sein, deshalb wollen wir auch keine Helikopter-Kinder. Waren wir schließlich auch nicht. Sind nach dem Abitur monatelang durch Europa getrampt und haben nicht einen einzigen Gedanken, geschweige denn eine Postkarte oder einen Anruf an unsere Eltern verschwendet. Haben Dinge getan und geraucht, die wir unseren Kindern nie beichten würden. Sind genau die jungen Menschen gewesen, von denen wir innig hoffen, dass unsere Kinder sie nie werden würden. Ja, kleine Heuchler sind wir.

Aber vielleicht gerade deshalb so besorgt, so bedürftig, so anhänglich. Weil wir noch wissen, dass die große, weite, unentdeckte Welt viel spannender ist als der Sonntagsbraten bei alten Eltern. Weil sich unser Leben nach Abbruch anfühlt und das unserer Kinder nach Aufbruch. Sie häuten sich, das ist ihr gutes Recht, aber können wir das nicht auch? Als umsorgende Eltern werden wir nicht mehr gebraucht, Aufzucht und Erziehung sind abgeschlossen. Wir sind wieder zu zweit. Wir haben keine Ausreden mehr: »Ich würde ja gern joggen/ins Theater

Deshalb lassen wir los und genießen unsere neue Freiheit.

gehen/Klavier spielen lernen, aber die Kinder brauchen mich.« Das Leben ist wie eine Bergwanderung, für jede Phase brauchen wir ein anderes Tempo, eine andere Gangart, anderes Schuhwerk.

Deshalb lassen wir los und genießen unsere neue Freiheit. Wir machen kein Handy- und kein Skype-Stalking, wir haben unser eigenes Leben, es geht uns gut. Denn genau damit machen wir unseren Kindern die größte Freude. Weil sie sich um uns keine Sorgen machen müssen. Jetzt, wo sie erwachsen und verantwortlicher werden, haben wir wieder Spielraum für alte und neue Wünsche. Können nachts um die Häuser ziehen, mal wieder einen Joint rauchen, unter Palmen schlafen, Vietnamesisch lernen, einen Hund anschaffen. Immer daran denken – es gab ein Leben vor den Kindern, und das sollte, wenn sie uns verlassen, nicht im Trübsinn versinken, lieber in einem romantischen Schaumbad zu zweit. Ohne Rapmusik und ohne Bandscheibenvorfall.

Er sagt: Ich gehe durch unsere Haustür auf den Bürgersteig, und wenn ich jetzt nach oben rechts gucke, geht dort gleich die Gardine vorm Küchenfenster zur Seite. Drei, zwei, eins: Wink-Alarm. Meine Mutter winkt jedes Mal, wenn ich das

> Seine größte Leistung ist das Ausblenden
> der Tatsache, dass er ein Nesthocker ist.

Haus verlasse, als wolle sie ihre Finger abschütteln, maximaler Körpereinsatz, breites Lachen im Gesicht. Meine Brüder und ich werden so verabschiedet, und wir werden so begrüßt, da ihr ein mütterlicher, siebter Sinn anscheinend sagt, wenn einer aus der Familie sich der Haustür nähert. Im Vergleich zu uns ist die Rama-Familie eine herzlose Horde gefühlskalter Eigenbrötler-Arschgeigen. Kein Wunder, dass ich also noch mit 18 zu Hause wohne. Und mit 19. Und mit 20. Auch mit 21. 22? Auch noch. Ähem. Meine Brüder sind längst fürs

Studium nach Süddeutschland gezogen, und ich – halte die Stellung!

Seien wir ehrlich: Ich bin ein Nesthocker. Die größte Leistung des Nesthockers ist nicht sein Festhalten am umdekorierten Kinderzimmer und einem Leben im Vollpensionsmodus. Seine größte Leistung ist das Ausblenden der Tatsache, dass er ein Nesthocker ist. Im Kopf des Nesthockers ist das Nicht-von-zu-Hause-Ausziehen Teil eines karitativen Auftrags: Ich muss mich um Mama kümmern. Denn wenn man Mama auch noch den letzten Sohn nimmt, dann bleibt da ja für sie nur noch die große Leere mit Teleshopping und Schmökern im Gemeindebrief. Viel besser also, Mama das Gefühl zu geben, gebraucht zu werden. Oder? Ich beantworte mir selbst diese Frage mit: »Auf jeden Fall!«. Und so wohne ich bei Mama, gehe tagsüber in die Uni und bin ab 17 Uhr – »Mäuselein, wie war denn deine Universität?« –, also ich bin ab 17 Uhr ein 22-jähriges Mäuselein, das sich seine Jeans mit Bügelfalten ausstatten und seine Polohemden stärken lässt. Ich sehe aus wie Guido Westerwelle nach einer Wetgel-Beratung bei Vidal Sassoon und bin der Einzige an der Uni, der Pausenbrote dabeihat. Und – kein Witz – hartgekochte Eier,

Ist das ein Männerproblem?
Es ist ein Männerproblem.

auf deren Schale mit Kugelschreiber »Ich wünsche einen schönen Tag!« geschrieben steht. Kulinarisch ist für den Nesthocker jeden Tag Klassenfahrt.

Ist das ein Männerproblem? Es ist ein Männerproblem. In

Italien nennt man den partout nicht bei Mama ausziehenden Mann den Mammone (ungefähr ein Drittel aller 30- bis 34-jährigen Männer). Während es für das Pendant, die ewig zu Hause wohnende Frau, nicht mal ein Wort gibt. Tatsächlich ist es für den Nesthocker-Mammone extrem schmerzhaft, von zu Hause auszuziehen, und zwar aus folgenden Gründen:

Erstens: Weil Mama jetzt ja allein klarkommen muss und man das blöde Gefühl hat, dass sie das reibungslos hinbekommt, und daher das eigene, lange Ausharren als Trägheit enttarnt wird.

Zweitens: Weil die Versuchung gewaltig ist, von Mama aus direkt mit einer Frau zusammenzuziehen, um aus der Freundin eine neue Mama zu machen. Und man ahnt, dass man dadurch sein Leben mit Volldampf vor die Betonwand fährt.

Drittens: Weil man Sachen wie einkaufen, Waschmaschine bedienen, Dinge kochen, die nicht als Zentralelement »Wurst« haben, einfach nicht draufhat. Weil man also letztlich ein 23-Jähriger mit der Alltagstauglichkeit eines Zwölfjährigen ist, mit zehn Daumen und gebrochenen Armen.

Viertens: Weil man, endlich ausgezogen in eine WG, es dann doch super findet, aber Schuldgefühle hat, da Mama jetzt ja Freitagabend allein »Aktenzeichen XY« gucken und Eierlikör trinken muss.

Als ich mit 23 endlich und schließlich von zu Hause ausziehe, fährt mein Mammone-Kumpel Christian den Umzugswagen nach Hamburg. Mammone Christian hat es zu Hause übrigens noch bis 27 ausgehalten, was im Freundeskreis dem Gerückt Auftrieb gegeben hat, er hoffe es so hinzudeichseln, dass Kindergeld, BAföG und Rente übergangslos ineinanderfließen, während er immer noch bei seinen Eltern wohnt. Typisch Mammone übrigens, auf den anderen Mammones rumzuhacken, sobald man selbst den Hintern hoch bekommt und auszieht. Abfahrt, ich steige in den Umzugswagen, drei, zwei, eins: Gardine geht zur Seite, Wink-Alarm am Küchenfenster, den ich mit aller Kraft erwidere. Es tut weh und ist richtig und tut weh und ist richtig. In der neuen WG wartet ein Paket mit selbstgebackenen Keksen von Mama, worüber ich mich extrem freue, mich aber hinter dem Satz »Mann, die Alte nervt total« verschanze, um auf harte Sau zu machen.

> Es tut weh und ist richtig
> und tut weh und ist richtig.

Mitbewohner Dennis, der mein erster Freund in Hamburg werden wird, sagt darauf erst nichts und dann: »Mamas, das sind eben einfach mal die…« Nervigsten, Beklopptesten, Aufdringlichsten, Peinlichsten? »…die Allergeilsten.«

Das Experten-Interview:
Kinderleid und Hundeglück

Cordula S. ist Mutter des 21-jährigen Leander und Frauchen des vierjährigen Zwergschnauzers Kimble. Sie liebt ihren Sohn von Herzen, freut sich jetzt aber über ein Wesen, das ihr fast immer aufs Wort gehorcht.

Sie haben Ihren Sohn mehrfach aus der Ausnüchterungszelle geholt, er hat Ihren Golf mehrfach so stark beschädigt, dass Sie mit Ihrer Autoversicherung wieder bei 150 Prozent liegen...
Beim letzten Mal war aber der andere schuld...

Das sah die Polizei offensichtlich anders. Aber egal. Auf jeden Fall haben Sie mit Leander eine Pubertät durchlitten, um die ich Sie nicht beneide – vom üblichen Stress wie vermüllte Jugendzimmer, nie Geld, schlechte Zeugnisse, null Bock auf Familie einmal abgesehen...
Stimmt, schön ist was anderes.

Deshalb meine Frage. Ihr Sohn studiert seit drei Monaten fern der Heimat, und Sie haben sich einen Hund angeschafft. Warum atmen Sie nicht erst einmal durch, haben wieder Sex mit Ihrem Mann und genießen die neue Freiheit?
Sollte man meinen, ja. War aber bei uns nicht so. Obwohl ich einerseits dem Auszug meines Sohnes geradezu entgegenfieberte, hatte ich andererseits Angst vor der Stille in der Wohnung. Vor nur noch zwei älteren Herrschaften – ohne Hip-Hop, ohne rauchende junge Männer in der Küche, ohne junges Leben. Das hat mich zwar genervt, aber es hat sich trotzdem lebendig angefühlt. Deshalb haben wir uns Kimble rechtzeitig davor angeschafft, damit es keine emotionale Lücke gibt.

Sie wollten sich nicht wie verwaiste Eltern fühlen und haben sich deshalb wieder ein Baby angeschafft?
Ja, so ungefähr. Denn das war der zweite Grund – ich wollte wieder etwas zum Kuscheln und Schmusen, etwas Bedürftiges

und von mir total Abhängiges. Ich brauche es, gebraucht zu werden. Deshalb ist Kimble auch ein niedlicher Yorkshire Terrier, der immer klein und im Kindchenschema bleibt und den ich herumtragen kann wie einen Säugling. Ich kaufe auch gern kleine Sachen, das hat mir bei Leander schon viel Spaß gemacht. Deshalb trägt Kimble auch ein Wintermäntelchen und kleine Stiefel.

Er ist also ein kleiner Leander mit Fell?
Ja, weil ich vor der Zimmertür des großen Leander oft geheult habe, von 12 bis 17 hatten wir eine schwierige Zeit. Er wollte sich ablösen, ich ihn nicht loslassen. Mein Fehler, das weiß ich, aber seit wir den Hund haben, ist es besser geworden. Kimble ist mein Tröster, wenn meine Männer mich kritisieren und ich mich ungeliebt fühle. Ein Hund liebt einen ja bedingungslos.

Tja, ein Ehemann wedelt nicht freudig mit dem Schwanz, wenn man zur Tür hereinkommt. Liebt er denn Kimble genauso wie Sie oder ist er ein bisschen eifersüchtig?
Mein Mann ist der Schlimmste! Er füttert Kimble auch immer am Tisch, was unseren Sohn zur Weißglut bringt, weil es völlig verkehrt ist. Aber mein Mann war auch in der Kindererziehung eher zu weich. Er hat es geliebt, auf dem Sofa zu liegen, Baby auf dem Bauch, sooo gemütlich. Das macht jetzt Kimble. Die beiden schlafen jeden Abend gemeinsam vor dem Fernseher ein.

Wirkt denn ein so kleines Hündchen bei einem so kräftigen Mann wie Ihrem nicht etwas...

Sie meinen schwul? Stimmt, wenn mein Mann Gassi geht und zufällig einen rosa Pullover anhat, dann geht er immer besonders cowboymäßig.

Es gibt ja noch einen Vorteil, wenn man einen Hund hat – man lernt wieder neue Leute kennen. Früher waren es andere Mütter, jetzt sind es andere Hundebesitzer.

Absolut. Die Hundewiese an der Alster ist der reinste Kontakthof. Und im Gegensatz zum Spielplatz sind hier nicht nur langweilige Mütter, sondern jede Menge interessanter Herrchen.

Gibt es einen Vorteil, den Hunde haben und Kinder nicht?

Einen ganz entscheidenden. Sie sind früher stubenrein.

22

Alter Sack, was nun? –
Was ist mit dem Sex passiert?

Sie sagt: Jeder erinnert sich an den Anfang. Den wunderbaren Anfang. An das Kribbeln, den ersten Kuss, das allererste Mal. Wie aufgeregt man war. Wie verrückt vor Sehnsucht. Man konnte… immer. Man tat es… in jeder freien Minute. Man konnte nicht genug kriegen. Sex war so selbstverständlich wie atmen.

Dass diese Phase kurz ist, wissen wir. Ein Cocktail aus Endorphinen, Adrenalin und Oxytocin sorgt für den Liebesrausch, aber nach ein paar Monaten verplätschert er sich. Wir sehen den anderen, ohne sofort daran zu denken, wie er nackt aussieht, wie er sich anfühlt, wie er riecht. Es ist der ganz normale

> Bei jeder neuen Liebe sind wir sicher,
> dass sie so lange frisch bleibt
> wie ein gespritzter Apfel.

Abstieg. Das sanfte Hinübergleiten von »Ich könnte dich auffressen« über »Schatz, morgen ist ja auch noch ein Tag« zu »Schlaf gut« – »Du auch. Ich liebe dich« – »Du auch«. Aber wir verdrängen das, wir bleiben optimistisch. Bei jeder neuen Liebe sind wir sicher, dass sie so lange frisch bleibt wie ein gespritzter Apfel. Dass wir in hohem Alter Hand in Hand im Schlaf sterben und den Muskelkater spüren, der davon herrührt, dass wir letzte Nacht ja nochmal richtig heißen Sex hatten. Was für ein Segen, dass wir nicht in die Zukunft blicken können.

Wenn ich gewusst hätte, dass der Mann, mit dem ich vor 30 Jahren so heftig in einer Bahnhofskneipe knutschte, dass der Wirt uns vor die Tür setzte, später als Ehemann immer vor dem Fernseher einschlafen und nach entspanntem Alkoholgenuss so laut schnarchen würde, dass unsere Nachbarn an die Wand klopfen, wer weiß, ob ich ihn geheiratet hätte? Wie zickig ich sein kann, wie manchmal sogar unausstehlich, hat er nach unserem ersten Kuss natürlich auch nicht gewusst. Auch, dass ich ihm inzwischen nicht mehr jedes Mal, wenn ich ihn sehe, sofort die Jeans aufknöpfe, und er vermutlich auch nicht jedes Mal denkt: »Mein Gott, ist die Frau scharf«, wenn ich abends mit Lesebrille und Stoppersocken neben ihm im Bett liege, hätte niemand ahnen können. Damals, als ich so verliebt in ihn war, dass ich meinen Vornamen und seinen Nachnamen auf alle freien Zettel schrieb, nur mal so zur Probe. Nur mal gucken, wie es so zusammenpasste.

Dieser Anfangsrausch lässt nach, in jeder Beziehung, egal, wie leidenschaftlich sie begonnen hat. Der Reiz des Neuen ist nicht mehr neu, ein vertrauter Körper ist Wärme und Geborgenheit, aber so ist nun mal die menschliche Natur, heiße Fantasien spielen eher im Tageszimmer eines Bahnhofshotels als im Supermarkt, wo man mit seinem Partner die Wochenendeinkäufe erledigt und sich fragt, ob Fischstäbchen eine tolle

Idee für Samstagabend wären. Verbotener, heimlicher Sex mit dem Chef, dem Mann der besten Freundin oder dem Fahrradkurier aus der Studenten-WG – das ist der Stoff, aus dem die Sexträume sind. Auch wenn der Mensch, der jeden Abend

Heiße Fantasien spielen eher im Tageszimmer eines Bahnhofshotels als im Supermarkt, wo man mit seinem Partner die Wochenendeinkäufe erledigt.

neben uns synchron seinen Zahnpastaschaum ins Waschbecken spuckt, der wichtigste in unserem Leben ist.

70 Prozent aller Ehepaare sind deshalb sexuell unzufrieden, die Dunkelziffer liegt vermutlich höher. Jede zweite Ehe scheitert. Müssen wir uns damit abfinden? Mit der Alternative Frust oder Fremdgehen? Die Göttin Psyche musste Amor, dem Liebesgott, der sie jede Nacht besuchte, versprechen, ihn niemals bei Licht zu betrachten. Als sie trotzdem die Öllampe anzündete, erwachte er und verschwand auf Nimmerwiedersehen. Was sich ja beinahe wie eine Empfehlung für Sex im Dunkeln liest.

Eigentlich ist Sex doch die einfachste Sache der Welt. Und eine der schönsten. Trotzdem eine der kompliziertesten. Nicht am Anfang, aber später. Wenn man sich Stimmung und Performance ein bisschen erarbeiten muss. Jeder denkt, er kann Sex. So wie jeder denkt, er kann kochen oder Auto fahren, nur weil er es schon lange macht. Aber wenn wir mit jemandem Sex haben und es knirscht im erotischen Gebälk, weil wir ihn nicht mehr ganz so heiß finden wie am Anfang und umgekehrt, kann das ein Problem werden. Weil wir uns nicht mehr

> **Eigentlich ist Sex doch die einfachste Sache der Welt. Und eine der schönsten.
> Trotzdem eine der kompliziertesten.**

so anstrengen wie am Anfang, als wir uns viel weniger anstrengen mussten. Begehren ist wie eine Zimmerpflanze, es vertrocknet und geht ein, wenn man es nicht pflegt.

Bin ich eigentlich noch gut im Bett? Eine heikle, aber hilfreiche Frage, die man seinem Partner so oder ähnlich (»Macht es dir noch Spaß mit mir?«) gerade dann stellen sollte, wenn man vor der Antwort ein bisschen Angst hat, oder sie gar nicht brutal ehrlich beantwortet haben möchte. Aber nur so kann es ja besser werden. Was heißt das überhaupt, gut oder schlecht im Bett? Vor allem auf der erotischen Langstrecke? Wenn es gerade so gemütlich auf dem Sofa ist, der Krimi im Fernsehen so spannend, man den ganzen Tag auf Achse war – und dann kommt der Partner und möchte was. Vielleicht nur kuscheln, aber auch das hat manchmal den Stellenwert von »endlich Feierabend und schon wieder will einer was von mir«. Was also tun, damit die »Bluthunde der Fleischeslust«, wie Jürgen von der Lippe es nennt, nicht für immer davongaloppieren? Viagra? Shopping im Erotikshop? Use it or lose it, rät Jane Fonda, die auf die 80 zugeht, aber nach einer Knieoperation vor ein paar Jahren froh war, »dass ich wieder in die Knie gehen konnte, ich habe einen neuen Freund, da ist das wichtig.« Der Appetit kommt also beim Essen?

»Das größte Problem ist, dass man Sex gar nicht mehr im Kopf hat«, sagt die dänische Sexualtherapeutin Ann Marlene Henning, »man vergeschwistert. Deshalb muss man tägliche Reizpunkte setzen, kleine Gesten, die uns daran erinnern, dass wir nicht Bruder und Schwester, sondern Mann und Frau sind.« Wichtig ist deshalb, sich daran zu erinnern, wie es sich anfühlte, als man ganz frisch verliebt war. Und am besten frischt man seine Erinnerungen durch Berührungen und Gerüche auf. Also eile ich morgens in der Küche nicht an meinem Partner vorbei, sondern bleibe hinter ihm stehen, küsse ihn auf den Hals und kneife ihn zärtlich in den Po. Dabei schnüffele ich ein bisschen an seiner Halsbeuge und atme seinen Duft ein. Wir sind olfaktorische Schnüffelwesen, unsere Gefühle werden durch Gerüche stimuliert. Oder ich zische ihm, wenn er morgens noch nicht ganz wach ist, kein gehetztes: »Vergiss nicht, heute ist Elternabend, du bist dran« ins schlafwarme Ohr, sondern ich

Wichtig ist, sich daran zu erinnern, wie es sich anfühlte, als man ganz frisch verliebt war.

streichele einmal ganz kurz über … ja genau. Darüber. »Es sind kleine Dinge«, sagt Henning, »aber sie haben eine große Wirkung. Wichtig ist, dass Frauen nicht immer Angst haben, dass die Männer dann gleich Sex wollen.« Wollen sie nämlich nicht.

Wenn *sie* will, aber *er* nicht kann, sind gegenseitige Schuldzuweisungen, man ahnt es, so hilfreich wie das Ausheben von Schützengräben im Schlafzimmer. Was kann man tun? Wenn Männer weich werden, sagt Henning, »versuchen sie, den

Druck von innen aufrechtzuerhalten und erreichen damit das Gegenteil.« Sie empfiehlt den »Katzenbuckel, der Becken lockert, Blut fließen lässt, auch der Penis erwacht dann oft wieder zu neuem Leben. Deswegen ist auch die entspannte

Gegenseitige Schuldzuweisungen sind so hilfreich wie das Ausheben von Schützengräben im Schlafzimmer.

Seitenlage besser als die Missionarsstellung. Oder die »Wenn der Postmann zweimal klingelt«-Position, bei der die Frau auf dem Küchentisch liegt und der Mann vor ihr steht. Klingt nicht nach Biobuch und vor allem: machbar. Zur Witzfigur wird letztlich doch eigentlich nur derjenige, der sich nichts mehr zutraut. Opa und Oma wollen es mal wieder versuchen. »Aber denk bitte dran, ich hab's jetzt im Kreuz«, sagt Oma. Darauf Opa: »Gut, dass du das sagst, ich hätte es an der alten Stelle versucht.«

Das Experten-Interview: Bumsen statt Rheumadecke

Wenn man alt ist, hat man: beige Klamotten an, sitzt gern auf Parkbänken, liebt Rauhaardackel. Und hat keinen Sex. Oder? Die Sex-Therapeutin Beatrice Wagner verrät, wie man auch im hohen Alter noch flachgelegt wird.

Wie viele Paare haben im Alter noch Sex?
In der Altersgruppe von 61 bis 70 Jahren sind knapp 80 Prozent der Männer und mehr als 60 Prozent der Frauen sexuell aktiv. Dies gilt allerdings nur für Menschen, die in einer Partnerschaft leben. Bei Alleinstehenden betragen die Zahlen nur noch unter 20 Prozent bei den Männern und knapp fünf Prozent bei den Frauen. Wenn nun nicht nur der Geschlechtsverkehr, sondern auch Zärtlichkeit, Petting und Selbstbefriedigung einbezogen werden, sind die Zahlen insgesamt noch einmal deutlich höher. Überhaupt kein sexuelles Interesse äußerten lediglich etwa ein Prozent der Männer und drei Prozent der Frauen.

Was sind die körperlichen Gründe für weniger Sex im Alter?
Bei den Frauen stellt sich die Funktion der Eierstöcke während der Wechseljahre ein, infolgedessen kommt es zu hormonellen Veränderungen. Die Scheidenschleimhäute werden dünner, empfindlicher und weniger elastisch. Sie brauchen länger, um feucht zu werden, und es kommt häufiger zu Schmerzen. Die Orgasmusfähigkeit bleibt allerdings erhalten. Auch bei den Männern kommt es zu hormonellen Veränderungen. Sie brauchen länger, um eine Erektion zu bekommen, und sie ist auch nicht mehr so stabil wie vorher. Der Orgasmus verläuft flacher.

Das bedeutet, Frauen brauchen mehr Zeit oder ein Gleitmittel. Männer müssen einfach etwas auf die Akrobatik verzichten oder eine Pille nehmen?
Na ja, vor allem sollten die beiden miteinander reden, und Stellungen suchen, die für beide angenehm sind. Dann sollte

sich ein älteres Paar Zeit lassen. Denn auch wenn die Lust im Kopf schon vorhanden ist, kann die volle Erektion oder Lubrikation – so wird das Feuchtwerden der Vagina bezeichnet – noch auf sich warten lassen, bis zu zehn Minuten.

In meiner Phantasie verwandelt sich der leidenschaftliche Sex der Jugend und Erwachsenenzeit in Kumpelkuscheln, sobald man alt wird. Ist das so?
Das ist ein ganz großes Missverstehen der menschlichen Natur. Sex ist ja nicht nur zur Fortpflanzung da, sondern macht auch einfach Spaß. Warum sollte der Spaß mit 60 aufhören? Darüber hinaus ist Sex eine tolle Methode, dem Partner oder der Partnerin zu zeigen, wie sehr man ihn oder sie mag, liebt und schätzt. Mein lieber Kollege und Freund Oswalt Kolle, der leider verstorbene Sex-Experte und Aufklärer, hat auf solche Fragen noch mit über 70 geantwortet: »Wenn ich Wärme suche, besorge ich mir eine Rheumadecke. Wenn ich Sex haben will, dann mache ich Sex.«

Das Thema »Sex im Alter« boomt. Woran liegt das?
Ich glaube, der Film *Wolke 9* von Andreas Dresen, der 2008 in die Kinos kam, hat Sex zwischen alten Leuten ins öffentliche Bewusstsein gebracht. Und die Pharmaindustrie hat auch ein Interesse an dem Thema. Das Patent auf Viagra ist 2013 abgelaufen, es gibt jetzt zahlreiche Produkte mit ähnlicher Wirkung, die aber viel billiger sind. Die Pharmaindustrie möchte dafür einen Markt schaffen.

*Ich bin 42, meiner eigenen Einschätzung nach beim Thema
Sex eher verklemmt und generell auf eine milde und für mich
selbst zum Teil unterhaltsame Art neurotisch. Was muss ich
tun, um sicher zu sein, dass ich im Alter Sex habe?
Erstens, jetzt schon Sex haben ...*

Sehr gut.
... denn die Gruppe, die vorm Altsein viel Sex hat, hat auch
später Sex. Zweitens macht es sicher Sinn, zum Sexualthera-
peuten zu gehen.

Yipeeeh, schon wieder zum Therapeuten, warum das denn?
Weil in jeder Beziehung der Hormoncocktail des Anfangs
nachlässt. Und dann beginnen viele Partner damit, Sex nach
dem Motto des kleinsten gemeinsamen Nenners zu machen.
Das heißt, nur was beide gut finden, wird praktiziert. Sterbens-
langweilig auf Dauer. Um die Sexualität zu beleben, müssen
Sie also in ganz neue Richtungen denken. Da können ein paar
Stunden mit einer netten Sexualtherapeutin ganze Dämme an
Blockaden und Verklemmungen einreißen. Wenn wir bei unserem Partner bleiben wollen, stellt sich die Frage, ob man es
schafft, den Lustfaktor vom Anfang durch die Lust an der Intimität zu ersetzen. Man konnte nachweisen, dass das Gefühl, mit
dem geliebten Partner Sex zu haben, mit dem mich viel verbindet, im Kopf immer wieder zur Ausschüttung des Glückshor-
mons Dopamin führt. Es wird allerdings nie wieder so wie am
Anfang, das kann man vergessen.

Wenn ich mir eine Liste übers Bett hängen müsste, damit ich auch im Alter noch Sex habe, was würde dort draufstehen?
Geben Sie sich nicht mit schlechtem Sex zufrieden. Sagen Sie Ihrer Partnerin, was Sie wollen. Von alleine passiert nix. Ich höre in meiner Praxis immer wieder den Satz: »Ich habe gehofft, dass es von alleine besser wird.« Das wird es selten oder nie. Sie müssen in jedem Fall raus aus der Komfortzone. Der Sex, den man hat, kann und sollte Phasen, quasi Moden, unterworfen sein. Eine Zeitlang macht man es so, eine Zeitlang so.

Wie alt sind die Paare, die zu Ihnen in die Praxis kommen?
Zwischen 24 und 70.

Reden die bei Ihnen nur, oder fassen die sich auch an?
Nur reden.

Könnten Sie zwei Hauptprobleme der alten Menschen nennen, die bei Ihnen sitzen?
Frauen quält oft der Verlust ihrer Schönheit, Männer klagen über Erektionsprobleme.

Wow. Männer haben kein Problem mit ihrem Aussehen?
Anscheinend weniger als die Frauen. Was aber nicht heißt, dass sie nicht nervös sind. Vielen Patienten bricht bei der ersten Sitzung sichtbar der Schweiß aus.

23

Eine Liebesgeschichte in Beige – Zusammen im Altenheim

Er sagt: »Sprechen Sie Suaheli?« Der nackte Mann mir gegen-über hat sein Sonntagslächeln aufgesetzt. Ich stehe im Flur eines Pflegeheimes in Bielefeld-Senne, dem Dorf, aus dem ich komme. Mein Vater hat MS und wohnt seit sieben Jahren hier im Pflegeheim: Einzelzimmer, zwei Eckfenster, die auf eine Wiese blicken und auf ein Stück Waschbeton-Fußweg, dahin-ter Wald. Der nackte Mann ist sein Zimmernachbar. Ein ehe-maliger Pastor, der lange in Afrika in der Mission gearbeitet hat und jetzt permanent Gesprächspartner suchend über die Pflegeheimflure spaziert. »Suaheli, nein, immer noch nicht. Tut mir leid, Herr Obentraut.« Worauf er immer wie ein sehr gut erzogener Gastgeber, der ein Tablett mit Likörchen ange-boten hat, den aber anscheinend keiner will, kehrtmacht.

> **»Die Zeit kleckert einem vor die Füße«,**
> **hat mein Vater einmal gesagt.**

Und in seinem Zimmer verschwindet. Mal nackt, mal angezo-gen.

Ich besuche meinen Vater jedes Wochenende, trinke Filter-

235

kaffee aus Jugendherbergstassen in einem Gebäude, das mit viel gutem Willen an ein Hotel erinnert, in dem allerdings alle Varianten der Farbe Beige verbaut wurden, die sich der menschliche Geist vorstellen kann. Als ob alte Leute durch blauen Fußboden oder grüne Stehlampen reizüberflutet zusammenklappen würden.

»Die Zeit kleckert einem vor die Füße«, hat mein Vater einmal gesagt. Jahr für Jahr, Wochenende für Wochenende, Kaffeetasse, für Kaffeetasse.

Und trotzdem ...

Als ich mich mit 25 an einer Journalistenschule bewerbe, bekomme ich die Aufgabe, eine Reportage über Altenheime zu schreiben, den »letzten Umzug«, so steht es in den Bewerbungsunterlagen. Ich hab Angst bis zum Dach. Ich spreche mit dem Altenheimleiter, den mein Vater »den Zausel« nennt, weil er halblange Haare, einen halblangen Fusselbart und schlabbrige Pullover trägt. Mein Vater, obwohl im Rollstuhl, trägt immer noch schmale Polohemden, Stoffhosen mit Bügelfalten und hätte früher schon mit Leuten wie dem Zausel nix zu tun haben wollen. Daran hat sein Umzug ins Altenheim nichts geändert.

»Das Problem ist, dass die Leute hier einfach zu spät hinkommen«, sagt der Zausel, als ich ihn interviewe. »Das ist schade, weil in den fünf Jahren, in denen der durchschnittliche Heimbewohner hier ist, Freundschaften entstehen können.« Der Zausel sagt all das in einem salbungsvollen Ton, ihn umgibt eine pastorale Schmierschicht, ich stelle ihn mir vor, wie er das Alten-Bingo im Aufenthaltsraum leitet. Ich mag ihn überhaupt nicht, verkneife mir aber, das zu zeigen. Er kümmert sich ja schließlich um Papa.

Und gibt es noch Liebesbeziehungen? »Die gibt es. Es gibt Eifersucht, Trennungsschmerz, Liebeskummer.« Zwar nicht oft, aber immer wieder fänden sich hier Paare. Im Aufenthaltsraum stehe ich später vor dem Foto zwei sich küssender alter Leute. Ich finde, die beiden sehen aus wie Honecker und Breschnew, aber das scheint hier niemanden zu stören.

Für die Reportage treffe ich Paare, die gemeinsam in Miniwohnungen auf dem Pflegeheimgelände gezogen sind, die, wenn sie nicht so höllisch beige wären, tatsächlich hübsch aussähen. Apartments mit kleinen Terrassen, auf denen man sich im Sommer Schaukelstühle vorstellen kann. Als ich eines dieser Paare – Ilse und Fritz Lohmann – treffe, erzählt der Mann vom letzten Umzug: »Ich habe wenig mitgenommen. Bücher, Bilder, Kleidung, drei Koffer. Und Ilse.« Ilse, seine Frau, wirkt so gesund, dass man sich schon fragt, warum sie eigentlich hier ist. Sie hat weißes, dickes Haar, eine rosafarbene Strickbluse, einen enormen Busen, lackierte Nägel. Dann steht sie während des Interviews plötzlich auf und gießt die Plastikblumen. Okay. Sie ist irre, so jemand sollte natürlich in einem Heim leben, wer weiß, was sie sonst noch so anstellt.

Dann blickt mich Ilse Lohmann mit wasserblauen Augen an. »Ich bin mittlerweile zu vergesslich für echte Blumen, Plastikblumen bekomme ich aber noch gut hin. Das Gießen ist nicht nötig, aber stören tut es auch niemanden, nicht wahr?«

Ich will für die Reportage unbedingt aus den beiden herausbekommen, dass sie hier glücklich sind. Die Geschichte braucht ein glückliches Paar, nicht nur eigenbrötlerische Polohemden-Rentner wie meinen Vater, durchgedrehte Nackt-Pastoren, fusselige Heimleiter. Ich will die Gewissheit haben, dass das Leben nicht in einer Linoleum-Welt endet, in der es zwar alle gut meinen, aber nichts wirklich gut ist. Ich will Hoffnung. Ich erzähle den Lohmanns von meinem Vater, der auch im Pflegeheim lebt. Nein, den hätten sie noch nicht getroffen, der sitze wohl den ganzen Tag an der Schreibmaschine.

Und das Leben im Heim? Wie ist das? »Alles nicht so schlimm«, sagt dann Frau Lohmann, vielleicht eher zu ih-

Ich will die Gewissheit haben, dass das Leben nicht in einer Linoleum-Welt endet, in der es zwar alle gut meinen, aber nichts wirklich gut ist.

ren Plastikblumen, an denen sie noch immer herummacht, oder zu mir, das ist nicht ganz herauszufinden. »Wir haben ja uns.« Immer noch kann sich das ganz auf die Blumen beziehen, oder meint sie sich und ihren Mann? »Nicht wahr, Fritz?«

Während man als Journalist eine Reportage schreibt, sucht man nach Szenen. Nach echten Momenten, in denen sich der Eindruck, den man von einem Menschen hat, verdichtet. Momente, die man dann als Reporter versucht, zu erinnern und aufzuzeichnen wie eine Filmkamera. Die perfekte Szene wäre zum Beispiel diese: Ilse Lohmann geht um den kleinen Esstisch herum, auf dem die Plastikblumen stehen, und lehnt sich an ihren Mann, der dann ihre weißen Haare küsst, zwei alte Leute, ein grauer Block aus alter Liebe. Es wäre perfekt. Und exakt das passiert in diesem Moment. »Wir haben ja uns.«

Ich glaube, dass die Chance, dass es die Liebe bis ins Altenheim schafft, nicht riesig ist. Und es wäre lächerlich zu behaupten, dass es anders wäre. Aber ich glaube auch, dass es sie gibt, diese Chance. Und dass die Liebe einem letztlich immer wieder das abverlangt: sich auf eine Chance einzulassen, sich hineinzuwerfen in der Hoffnung, dass da noch jemand anderes ist. In der Hoffnung auf das Wunder.

Als ich das Heim verlasse, ist es bereits dunkel, ein Herbstabend, ich klopfe noch einmal an der Tür meines Vaters. Er sitzt gebeugt an seiner elektrischen Schreibmaschine. Er hat vor Jahren angefangen, Kurzgeschichten und Romane zu schreiben, damit füllt er jetzt die Wochen, Monate, Jahre. Im Aschenbecher liegt eine glimmende Zigarette, seine Schreibtischlampe ist das einzige Licht im Raum. »Ich gehe jetzt, Papa. Und mache mich an die Reportage. Und woran arbei-

> Ich glaube, dass die Chance, dass es die Liebe
> bis ins Altenheim schafft, nicht riesig ist.
> Aber ich glaube, dass es sie gibt.

test du gerade?« Mein Vater dreht sich im Rollstuhl nach mir um, ich sehe sein Profil und kann seine Stimme in der aufziehenden Dunkelheit hören, es ist eines meiner Lieblingsbilder von ihm: »Ich schreibe eine Liebesgeschichte.«

Das Experten-Interview: Endstation Sehnsucht

Eike Kuhrcke, 36, leitet zwei Altenheime in Schleswig-Holstein. Wir wollten von ihm wissen, ob sich Männer und Frauen im Pflegeheim noch lieben – und wie man dort Freunde findet. Ein Gespräch über Sex, Champions League und Bierbestellungen.

Also, ich stelle mir meinen ersten Tag im Altenheim vor, sagen wir im Jahr 2058. Mein mittlerweile 85-jähriges Selbst schiebt den Rollator, Hüfte tut weh, Rest ist noch okay. Was tun? Soll ich ein Einzelzimmer oder ein Doppelzimmer nehmen?
Einzelzimmer, das gibt meiner Erfahrung nach weniger Stress. Allein schon, wenn es darum geht, welche Sendung man abends guckt. Gehen Sie zum Mittagessen – unser Personal stellt Sie dann den anderen Bewohnern vor. Machen Sie nach dem Essen eine Mittagsruhe, dann legen Sie beim Kaffeetrinken los.

Okay, bereit, was tue ich?
Setzen Sie sich an den Männertisch.

Moment... Männertisch? Es gibt Geschlechtertrennung im Heim, wie auf Klassenfahrt? Ach du Schande.
Nein, aber es gibt immer einen Tisch, an dem immer nur Männer sitzen. Und einen, an dem immer nur Frauen sitzen. Also Männertisch für Sie. Erzählen Sie, wo Sie herkommen, was Sie gearbeitet haben, die Männer mit dem Schalk im Nacken

machen dann meist ein paar Sprüche Richtung Frauentisch, dass sie ja das Leben lang hart geschuftet haben, während die Frauen nur gehäkelt haben. Das gibt dann eine ordentliche verbale Retourkutsche vom Frauentisch. Schon läuft es.

Ich hatte vor, am ersten Tag einen auszugeben, sagen wir eine Runde Steinhäger, das ist ein Korn aus meiner Heimat. Gute Idee?
Semigut. Alkohol darf bei uns verzehrt werden, aber es könnten ja Bewohner mit im Raum sein, die vielleicht ein Alkoholproblem haben. Ich würde die Flasche dem Personal geben, und das schenkt dann einen aus. Sie können den Steinhäger ja im Rollatorkörbchen mitbringen.

Das sehe ich förmlich vor mir. Was ist denn mit anderen Getränken, abends ein Bier trinken, geht das? Den Damen einen Eierlikör spendieren?
In unserem Angebot ist Kaffee, Selters, Tee, Milch. Wir besorgen Ihnen aber zum Selbstkostenpreis eine Kiste Bier, wenn Sie mögen.

Die nehme ich. Werden die Champions-League-Spiele eigentlich übertragen?
Ja, eine Gruppe von fünf Männern schaut die sich in einem unserer Häuser jeden Mittwoch an, da ist auch eine Dame dabei. Wir haben einen Schalke-Fan, der hat Sky abonniert, der ist außer dem Frühstück nur in seinem Zimmer und guckt sich Spiele an.

Sie klingen, als seien Sie selbst Fußballfan, Herr Kuhrcke.
Sie sprechen mit einem Dauerkartenbesitzer. Nur der HSV.

In Ordnung, ich habe also nach ein paar Tagen eine Männer-Champions-League-Truppe, der ich mich anschließen kann und mit der ich abends ein Bier zischen darf. Jetzt will ich eine Frau kennenlernen.
Dann setzen Sie sich morgens an den Frauentisch.

Da hätte ich eigentlich selbst draufkommen können.
Was sage ich?
Seien Sie charmant, ein Alte-Schule-Kavalier. Machen Sie der Dame Komplimente für ihre Frisur, ihre Fingernägel, vielleicht für eine von ihr hergestellte Bastelarbeit, das kommt immer gut an.

Sollte ich mich schick anziehen?
Das kann sicher nie schaden. Es gibt Bewohner unserer beiden Häuser, die tragen täglich Hemd und Bundfaltenhose oder Jeans. Und zu unseren Festen machen sich viele richtig schick. Das Klischee vom Heimbewohner im Jogginganzug stimmt nicht. Die, die Jogginganzug tragen, tragen ihn hier, weil sie bei der Ergotherapie waren. Es macht sicher auch Sinn, beim ersten Kennenlernen zu zeigen, dass man sich noch orientieren kann, also zu wissen, wo man ist, wer man ist und wie die Bundeskanzlerin heißt.

Ich werde das erwähnen, gut. Finden eigentlich Männer oder Frauen schneller Anschluss im Heim?
Die Frauen, sie sind einfach kommunikativer.

Was ist mit Tanzen? Wird bei Ihnen getanzt?
Bei unseren Festen, ja. Oft ist unser Pflegepersonal mit von der Partie, um zu helfen, falls es jemand alleine nicht mehr so schafft. Auch ich tanze manchmal mit einer unserer Damen, wissen Sie: Wir sind zwei kleine Häuser, da kennt man sich.

Finden sich Liebespaare in Ihren Heimen?
Das kommt vor. Vor einiger Zeit gab es ein Paar, beide verwitwet, beide in den 70ern, geistig rege, sie sind am Anfang im Garten oft spazieren gegangen, haben irgendwann Händchen gehalten und sich auch manchmal geküsst. Das ging zwei Jahre so, dann ist die Dame leider verstorben.

Wie lange ist der durchschnittliche Bewohner bei Ihnen?
Etwa fünf Jahre.

Und gibt es Sex im Altenheim?
Ja. Ich weiß, dass es Bewohner gibt, die bemüht sind, sich im Alter übereinanderzulegen. Nach Viagra hat mich allerdings noch niemand gefragt. Im Altenpflege-Jargon fällt Sex unter die Rubrik »AEDL: Aktivitäten und existentielle Erfahrungen des Lebens«. Und dort unter die Rubrik »Sich als Mann und Frau fühlen und entsprechend verhalten«.

Eine Formulierung, die nicht gerade aus dem großen Buch
der Romantik geklaut scheint, aber immerhin. Besuchen sich
Männer und Frauen abends auf ein Schäferstündchen?
Ja, es gibt Männer oder Frauen, die dann mal ins andere Zimmer gehen. Was dort passiert, ist allerdings Teil der Privat-
sphäre, die wir hier achten.

Wie finden Sie den Gedanken an Sex im Altenheim?
Wissen Sie, es wäre einfach seltsam, wenn es im Altenheim
keinen Sex mehr gäbe. Wir hatten hier schon eine Bewohne-
rin, die war 48, da ist es doch klar, dass das noch eine Rolle
spielt.

Übersteht die Liebe eines Paares den Umzug ins Altenheim?
Wenn sie gemeinsam kommen, schon. Oh, ich glaube, für den
Satz muss ich fünf Euro in den Kalauertopf schmeißen, was?
Aber ernsthaft: Es gibt rührende, alte Liebespaare, ich habe
ein Ehepaar vor Augen, das gemeinsam bei uns lebt. Die beiden kümmern sich umeinander, essen zusammen, sie achtet
darauf, dass er bei Kräften bleibt, er nennt sie Schatz, es ist
schön, das zu sehen. Das lässt einen nicht kalt. Ja, es gibt noch
Liebe im Pflegeheim.

Sie sind 36. Wie finden Sie den Gedanken, einmal selbst in
einem Ihrer Altenheime zu leben?
Allein in ein Pflegeheim zu kommen impliziert ja, dass meine
Frau nicht mehr lebt, der Gedanke ist schlimm. Aber ich finde
den Gedanken, generell als alter Mensch in einem Heim zu
leben, nicht unangenehm. Ein Einzelzimmer hier bei uns?

Sicher! Wir haben schnelles Internet, freundlich sind wir hier sowieso.

In diesem Buch geht es an vielen Stellen immer wieder um die Liebe und wie sie sich entwickelt. Nach dem Altenheim kommt, egal wie man es dreht, nur noch der Tod. Glauben Sie, dass Sie Ihre Frau später im Himmel wiedersehen?
Nein, daran glaube ich nicht. *(Macht eine Pause)* Aber es... wäre sehr schön.

24

Kinder, wie die Zeit vergeht – Männer und Frauen von 8 bis 88

8 Jahre

Die vermeintlich unschuldige Zeit. Wir fackeln zwar Ameisen mit der Lupe ab, brechen aber noch keine Herzen. Wir klauen Make-up. Aber nur bei Mama und nicht bei Karstadt. Wir brauchen kein Deo, sondern wollen Ferien. Sommer heißt schwimmen, Winter heißt Schlitten fahren. Wir sind draußen. Später meinen wir diese Zeit, wenn wir sagen: »Noch mal Kind sein.« In Wahrheit haben wir auch jetzt schon Angst vor Runterschubsern auf dem Fünf-Meter-Turm des Freibads. Wir küssen jemanden auf einer Klassenfahrt, rechnen unser Taschengeld in Süßigkeiten um, werden jeden Tag schöner und sehen das gar nicht. Wir sind unsterblich, und eine Karriere als Astronautin oder U-Boot-Kommandant ist zum Greifen nahe. Obwohl, dafür muss man ja erwachsen sein. Und das dauert zum Glück noch ewig.

18 Jahre

Wir sind vollgetankt mit Hormonen, der Wahnsinn. Die Pubertät ist bis auf ein paar Restpickel überstanden, wir haben eine Bombenfigur, auch wenn wir nur Dreck essen. Wir sehen sogar morgens gut aus. Wir haben Sex und haben nochmal Sex und nochmal Sex. Sex ist wie atmen. Über uns dreht sich die Discokugel. Mit Erwachsenen reden ist: nervig, langweilig, stressig. Und warum überhaupt mit ihnen reden? Wir fahren Autos kaputt, saufen, übernachten mit Interrailfreunden an Bahnsteigen. Wir machen all das, was einen 40-Jährigen nach einem Monat töten würde. Es ist super.

28 Jahre

Wir haben die erste richtig ernste Beziehung. Und die erste richtig grausige Trennung. Die einen heiraten plötzlich, die anderen machen plötzlich eine steile Karriere, manche machen beides. Und man erreicht die Freunde, mit denen man eben noch in der Uni-Mensa saß, plötzlich in Barcelona, Tokio, Johannesburg. Das Leben entfaltet seine Fliehkräfte. Während Frauen hinter der Fassade von »Ich habe noch Zeit« langsam damit beginnen, den Partner auf Vatertauglichkeit abzuklopfen, dödeln die Männer durch ihre Twenties wie Welpen über eine Blumenwiese, sie sind eigentlich noch 18, nur mit mehr Muckis, mehr Geld und mehr Wohnraum.

38 Jahre

Jetzt ist der Mann bereit zur Paarung (der deutsche Durchschnittsmann wird mit 34 das erste Mal Vater), zur Zeugung, zum Verzicht auf Feiern mit den Kumpels. Wer als Frau ein Exemplar in dieser Phase erwischt, hat sechs Richtige im Lotto. Manchmal ohne Zusatzzahl und manchmal ist der Lottoschein auch gefälscht, aber das wird sich zeigen. Die Frau in diesem Alter dagegen, sofern noch Single, wird langsam panisch und für Ehefrauen hochgefährlich. Sie kotzt bei jeder weiteren SMS-Geburtsankündigung, verliebt sich oder nicht. Bekommt Kinder oder nicht. Viel davon ist ganz einfach Zufall. Wir gucken das erste Mal Kinderfotos von uns selbst an mit dem Gefühl, dass das jetzt alles wirklich schon sehr lange her ist. Oder?

48 Jahre

Es wird jetzt wirklich ungerecht. Der Mann ist, wenn er Glück hat, ein cooler Hund mit grauen Schläfen. Übrigens: Mit exakt denselben grauen Schläfen, die die 48-jährige Frau plötzlich alt aussehen lassen. Sie robbt sich schwitzend durch die Wechseljahre und guckt vorm Spiegel auf ein kleines Menopausen-Wämpchen herunter, findet das alles kacke und wie gesagt: ungerecht. Aber auch, wenn der 48 Jahre alte Mann denkt, er wäre George Clooney, ist er doch viel öfter: nach einem Mal Sex todmüde, oft beim Urologen und sieht in einer Adidas-Trainingsjacke nicht mehr aus wie ein Rapper, sondern wie Fidel Castro in der Reha. In dieser Phase knirscht es zwischen Mann und Frau oft, die höchste Scheidungsrate haben in Deutschland Ehepaare, die knapp über 40 sind.

58 Jahre

Die Zeiten ändern dich, singt Bushido und ausnahmsweise hat er recht. Jetzt sind Männer in der Andropause – Stichwort Erektionsstörungen, Blasenschwäche, Haarausfall. Frauen haben dagegen die großen, körperlichen Umbauarbeiten hinter sich und starten noch einmal richtig durch. Die Hormonsituation verschiebt sich. Männer: weniger Testosteron, mehr

Östrogen, werden anhänglich, weichhüftig, Strickjackenbesitzer. Frauen, umgekehrt, lassen die Brutpflege hinter sich, erobern die Welt, haben, weil sie darin einfach besser sind, viele Freunde. Oder nehmen sich einen Liebhaber. Oder beides. Das klingt aus weiblicher Sicht doch gar nicht übel.

68 Jahre

Mann und Frau sind jetzt im Rentenalter. Und der Trend von 58 setzt sich manchmal fort. Der Mann wird zum Pottkieker, züchtet sich überlange Augenbrauenhaare und wird lax bei der Dentalhygiene. Er hört sich Jugendlichen den Satz »Das ist kein Radweg, junger Mann!« hinterherfauchen. Er wird zum Mann am Jägerzaun. Die Frau organisiert Wochenendtrips mit ihren Freundinnen, die von der Skatbruderhaftigkeit ihrer Männer auch gelangweilt sind. Wenn Mann und Frau sich dagegen gut verstehen, können diese Jahre wirklich golden werden. Der Trieb ist sanfter geworden, Sex aber noch eine Möglichkeit. Kein Stress mehr.

78 Jahre

Leider ist es jetzt meist der Mann, der oft mehr schwächelt als seine Frau. Er entscheidet sich immer öfter für beige Allwetterwesten und Klettverschlussschuhe, es sind eigentlich dieselben Klamotten, die er mit vier Jahren getragen hat, nur die Farbe hat gewechselt. Unter Umständen ist der Mann jetzt Premium-Opa-Material für die Enkel. Die Frau wird dagegen oft zehn Jahre jünger geschätzt, da sie viel besser auf ihre Gesundheit achtet, sich weiterhin schminkt und weniger Freude am Sinkflug zu haben scheint als ihr Mann.

88 Jahre

Der Mann ist unter der Erde, die Frau gießt die Blumen auf seinem Grab. Und dann trifft sie sich mit ihren verwitweten Freundinnen, trinkt einen Prosecco und macht Witze darüber, wer den bestaussehendsten Zivi hat. Sie steht in Kontakt mit Kindern und Enkeln. Sie ist eine coole Oma, hat ihre weißen Haare in einem sanften Lilaton gefärbt und könnte an Gräfin-Dönhoff-Lookalike-Contests teilnehmen, aber dafür fehlt ihr so langsam echt die Kraft. Manchmal träumt sie von ihrem Mann. Und sieht ihn dann vor sich: noch mal jung, noch mal zusammen, so wie am Anfang. Tränchen wegwischen, wer weiß. Vielleicht sieht man sich ja wieder.

Epilog

Dieses Buch hat sich ungewollt zu einem Buch über die Liebe entwickelt. Ungewollt. Denn geplant war etwas ganz anderes: Eigentlich wollten wir uns auf die Suche machen nach den großen Unterschieden zwischen Männern und Frauen in den entscheidenden Lebensmomenten – um das Ergebnis dann durch den Wolf zu drehen. »Die Kapitel, in denen man auf dem anderen Geschlecht rumhacken kann, schreiben sich am besten«, stand in einer Mail der Buchautorin an den Buchautor. »Du hast zwar ansonsten keine Ahnung, aber da hast du recht!« war die Antwort. »Schönen Dank, du mich auch!« die Rückantwort. Auch der Ton während unserer Telefonate wurde durch die Monate immer pampiger. Von: »Hallo hier ist York Pijahn!«, zu: »York hier!«, zu: »Ja?«, zu: »Was willste?«

Wenn man den Beweis dafür haben will, dass Frauen und Männer sich aneinander reiben, waren wir selbst von Tag eins an dafür der beste Beleg. »Du bist eben eine 68er-Frau, die auf Männern gern verbal ihre Kippen ausdrückt!« – »Du bist eben ein eingecremter Frauenversteher der Generation Weichei, der letztlich nix zu melden hat!«

Die Zeichen standen ziemlich günstig für eine Ganzkörperabreibung mit dem ganz groben Schwamm. So eingestimmt machten wir uns auf die Suche nach den großen Unterschieden. Man könnte sagen: Wir haben Sprengstoff gesucht – aber

Klebstoff gefunden. Denn aus den Unterschieden zwischen Jungs und Mädchen und Männern und Frauen entsteht der Magnetismus, der uns zueinanderzwingt und oft auch zueinanderbringt. Wir finden: Das sind gute Neuigkeiten, auch und vor allem, weil wir mit den Unterschieden zwischen Männern und Frauen tatsächlich ein Leben lang zu tun haben, von der Sandkiste, in der wir einander gut finden, aber nicht so richtig verstehen, bis zum Altenheim, in dem wir uns gut finden – aber nicht so richtig verstehen. Man kann darüber verzweifeln oder es genießen: das Starkstromkabel, das zwischen Männern und Frauen verläuft, das uns befeuert, manchmal verletzt, aber eben auch immer wieder mit Energie versorgt. Und uns an guten Tagen leuchten lässt.

Als Ettore Solimani während der 30er-Jahre des letzten Jahrhunderts immer wieder Briefe am Grab der Julia in Verona fand, entschloss sich der Mann, der eigentlich nur zuständig war für die Pflege von Julias Grabstätte, diese Briefe zu beantworten. Menschen aus der ganzen Welt, denen die Liebe Angst machte, sie verzweifeln ließ, in den Wahnsinn trieb, hinterließen zu dieser Zeit Nachrichten für Julia – und bekamen plötzlich Antwort. Mittlerweile schreiben 10 000 Menschen jedes Jahr an Julia; ein Team von 20 ehrenamtlichen Briefeschreiberinnen antwortet von Verona aus in die ganze Welt. Man kann das albern finden, kitschig, unerwachsen, naiv. Oder man wirft sich mitten hinein. An guten Tagen lässt uns die Liebe leuchten.

Unsere Leseempfehlung

320 Seiten

„Männer sind anders, Frauen auch" ist nicht nur die Zustandsbeschreibung unseres modernen, noch immer nicht entwirrten Beziehungsdschungels. Es ist vielmehr eine Art „Gebrauchsanweisung", die jede Frau zum richtigen Umgang mit ihrem Partner und jeder Mann zum besseren Verständnis seiner Gefährtin braucht.